dtv premium

FRÉDÉRIC LENOIR

Die Seele der Welt

Von der Weisheit der Religionen

Aus dem Französischen von Elisabeth Liebl

Deutscher Taschenbuch Verlag

Von Frédéric Lenoir ist im
Deutschen Taschenbuch Verlag erschienen:
Was ist ein geglücktes Leben? (dtv premium 24927)

Die Bücher von Frédéric Lenoir
sind auch als E-Books lieferbar.

FSC
www.fsc.org
MIX
Papier aus verantwortungsvollen Quellen
FSC® C013736

Deutsche Erstausgabe 2014
Deutscher Taschenbuch Verlag GmbH & Co. KG, München

Titel der französischen Originalausgabe:
L'Âme du monde
Deutschsprachige Ausgabe:

Umschlagkonzept: Balk & Brumshagen
Umschlaggestaltung: buxdesign I München
unter Verwendung eines Fotos von
Corbis/Blend Images/John Lund/Sam Diephuis
Satz: Bernd Schumacher, Obergriesbach
Druck und Bindung: Kösel, Krugzell
Gedruckt auf säurefreiem, chlorfrei gebleichtem Papier
Printed in Germany · ISBN 978-3-423-26012-1

INHALT

Erster Teil

Am Fuß des weißen Berges

Zweiter Teil

Die sieben Schlüssel der Weisheit

Das Schönste und Tiefste, w,as der Mensch erleben kann,
ist das Gefühl des Geheimnisvollen.
Albert Einstein

Erster Teil

AM FUSS DES WEISSEN BERGES

1

DER AUFBRUCH

Die folgenden denkwürdigen Ereignisse trugen sich innerhalb weniger Stunden zu.

Der alte Rabbiner Salomon saß gerade in seiner Küche, als er eine Stimme vernahm, die zu ihm sprach: »Begib dich nach Tulanka.« Verwundert rief er nach seiner Frau. Die aber hatte nichts gehört, und so sagte er sich, dass er wohl nur geträumt habe. Doch die Stimme ließ sich abermals vernehmen: »Geh nach Tulanka und säume nicht.« Er überlegte. Konnte es Gott gewesen sein, der da zu ihm gesprochen hatte? Und warum zu ihm? Rabbi Schlomo, wie er bei den Leuten hieß, war ein humorvoller und aufgeschlossener Mann. Als Anhänger des liberalen Judentums war er vor vierzig Jahren aus New York weggegangen, um sich mit seiner Frau und seinen vier Kindern in Jerusalem niederzulassen. Mit großer Hingabe studierte er die Kabbala, die mystische Tradition des Judentums, und unterwies auch eine Handvoll jüdischer und nichtjüdischer Schüler darin. Wo lag dieses Tulanka denn überhaupt? Der Rabbi bat Benjamin, seinen Enkel, für ihn im Internet zu recherchieren.

»Das ist ein buddhistisches Kloster in Tibet«, bekam er von dem jungen Mann zur Antwort. Der Kabbalist war starr vor Staunen: »Warum in aller Welt will der Ewige mich mit meinen zweiundachtzig Jahren noch nach Tibet schicken?«

Ansya fand keinen Schlaf. Die junge Frau schlüpfte aus ihrer Jurte hinaus und betrachtete den Sternenhimmel über der Steppe. Die Viehhirtin und Nomadin liebte die Unendlichkeit des Himmels, wie sie die Weite der mongolischen Steppen liebte, wo sie nahezu ihr gesamtes bisheriges Leben verbracht hatte. Noch einmal sog sie die reine Luft tief in ihre Lungen, dann ging sie zurück in die Jurte, die sie sich mit ihrer Tante teilte, einer Schamanin, die mit den Geistern sprechen konnte. Vor einigen Jahren hatte die alte Frau bemerkt, dass auch ihre Nichte diese Gabe besaß, und so hatte sie sie in die Kunst der schamanischen Reise eingeweiht. Nahezu jeden Tag kamen Leute zur Jurte, die bei den beiden Frauen Rat und Hilfe suchten. Da die junge Frau ausgesprochen schön und noch unverheiratet war, mischten sich unter die Besucher auch Männer, die Schmerzen vortäuschten, nur um einen Vorwand für den Besuch zu haben. In solchen Fällen verließ Ansya die Jurte und kümmerte sich ums Vieh. Die Männer blieben mit langen Gesichtern bei ihrer alten, halb blinden Tante zurück. War aber jemand tatsächlich krank, dann schlug sie die Trommel und versetzte sich tanzend in Trance, sprach mit den Geistern und bat sie um Hilfe, um Leib und Seele des Kranken zu heilen.

An diesem Tag hatte sie eine eigenartige Vision gehabt, die sie vollkommen erschöpft zurückgelassen hatte. Sie behandelte gerade eine junge Mutter, als ihr ein Geschöpf ganz aus Licht erschien und ihr bedeutete, dass sie irgendwohin aufbrechen müsse. Ansya, die den Sinn dieser Botschaft nicht recht verstand, vertraute sich nach der Behandlung ihrer Tante an, doch diese hüllte sich erst einmal in Schweigen. Jetzt aber, als Ansya aus dem Dunkel der Nacht wieder in die Jurte trat, sah sie ihre Tante aufrecht im Bett sitzen. Die alte Frau sah sie an und sagte dann: »Ich habe eben im Traum den Ort gesehen, an den du dich begeben sollst. Es ist ein tibetisches Kloster und liegt an der Grenze zwischen Indien und China. Bei Tagesanbruch musst du dich auf den Weg machen.«

Viele Tausend Kilometer entfernt besuchte der Traum auch Padre Pedro. Der katholische Mönch, der ursprünglich aus dem brasilianischen Salvador da Bahia stammte, lebte nun schon seit mehr als fünfundzwanzig Jahren im amerikanischen Bundesstaat Oregon. Er hatte sein Trappistenkloster gegen eine bescheidene Einsiedelei in den Wäldern eingetauscht, wo er sein Leben im ständigen Gebet zu beschließen gedachte. Nun aber war ihm im Traum ein kleines Mädchen erschienen, das ihm befahl, sich ohne Verzug in irgendein tibetisches Kloster am anderen Ende der Welt zu begeben! Im Grunde seines brasilianischen Herzens war Padre Pedro seit jeher überzeugt, dass Träumen ein Körnchen Wahrheit und dem Dasein eine magische Dimension innewohnt. Und weil er einfach neugierig war, verließ er seine Hütte und machte sich auf die Reise nach Zentralasien.

Im nördlichen Indien lebte Ma Ananda, die Hindu-Mystikerin, in einem kleinen Ashram. Die rundliche Frau, deren Alter schwer zu schätzen war, war bereits als Kind als »lebende

Verwirklichte«, als große Heilige, erkannt worden. Seitdem hatte sie stets Schüler gehabt, die sie unterwies, ohne selbst je studiert zu haben. An jenem Tag aber brach Ma Ananda beim ersten Morgengrauen auf, ohne auch nur einen Blick auf ihre betrübten Schüler zurückzuwerfen. Niemand wusste, wohin sie ging und wie lange sie fort sein würde.

Auch Meister Kong hatte seiner Frau ein merkwürdiges Erlebnis zu berichten. Der alte chinesische Weise lebte zusammen mit seiner Familie nicht unweit von Schanghai. Er stand einem kleinen taoistischen Tempel vor und lebte sehr bescheiden. Tagsüber saß er den Großteil der Zeit auf seinem Kissen auf dem Boden und gab die Lehren der chinesischen Weisen an eine kleine Schar von Schülern weiter, von denen auch ein paar aus dem Westen kamen. Aus unerfindlichen Gründen hatte der alte Meister vor Kurzem Geschmack an den Errungenschaften moderner Technik gefunden und besaß nun neben einem Laptop auch ein Satellitentelefon. Zum fünfundsiebzigsten Geburtstag hatten seine Schüler ihm daher einen GPS-Empfänger der neuesten Generation geschenkt. Ein- oder zweimal pro Woche nutzte der Meister ihn, wenn er ins Nachbardorf ging, obwohl er den Weg dorthin auch blind gefunden hätte. Als er aber an jenem Morgen das Gerät einschaltete, stellte er zu seiner Verblüffung fest, dass das Display einen unbekannten Breiten- und Längengrad anzeigte. Kopfschüttelnd überprüfte er die Positionsangaben und stellte fest, dass sie einen Ort in Tibet bezeichneten. Nachdem er sich vergewissert hatte, dass niemand das Gerät ohne sein Wissen benutzt hatte, konsultierte er das *I Ging* und erhielt von dem Orakelbuch zur Antwort: »Fördernd ist es, aufzubrechen.«

Daher zögerte er nicht. Meister Kong umarmte Frau, Kinder und Enkelkinder und schlug den Weg nach Tibet ein.

Für Scheich Jussuf, den Gründer einer kleinen nigerianischen Sufi-Bruderschaft, gestaltete sich der Aufbruch etwas nervenaufreibender. Der Hüne von einem Mann erstarrte fast zur Salzsäule, als er plötzlich die Buchstaben T – U – L – A – N – K – A auf der ersten Seite des Buches, in dem er gerade las, in einem seltsamen Licht aufscheinen sah. Im selben Moment fegte ein Windstoß durch seine Hütte, der seinen Koran erfasste. Das Buch blieb aufgeschlagen liegen, genau an der Stelle, wo die Sure »Die Gesandten« begann. Scheich Yussuf trennte sich nur schweren Herzens von seiner Familie, denn seine Frau hatte gerade Leila, ihr fünftes Kind, zur Welt gebracht. Doch die Kraft, die ihn zum Aufbruch drängte, war stärker. Er wusste nicht, auf welchen Wegen er an sein Ziel gelangen würde, doch das Schicksal führte ihn und sandte ihm Zeichen und Wunder, damit er verstand.

Diejenige, die am stärksten zögerte, war Gabrielle. Die Niederländerin lehrte griechische Philosophie an der Universität Amsterdam und war eine glühende Anhängerin der Ideen der Stoa und Spinozas, des berühmtesten Sohnes der Stadt. Weisheit war für diese Frau in den Vierzigern nichts, was mit Religion zu tun hatte, sondern eine subtile Mischung aus Vernunft, Intuition und praktischer Lebensklugheit. Vor ein paar Jahren war sie Freimaurerin geworden und einer Frauenloge beigetreten. Seitdem befasste sie sich auch intensiv mit der Sprache der Symbole. Da sie in jener Nacht nicht einschlafen konnte, war sie wieder aufgestanden und hatte den Fernseher eingeschaltet.

Dort lief gerade eine Sendung über tibetischen Buddhismus. Als das Kloster Tulanka erwähnt wurde, lief ihr ein kalter Schauer über den Rücken, und in ihrem Kopf setzte sich ein Gedanke fest, der sie nicht mehr losließ, ohne dass Gabrielle hätte sagen können, weshalb: »Lass alles stehen und liegen und suche dieses Kloster auf.« Doch Gabrielle nahm lieber ein Schlafmittel und versuchte, diesen verrückten Gedanken zu verscheuchen. Als ihr aber tags darauf auf der Straße eine Frau begegnete, die ihrem Hund zurief: »Tulanka! Bei Fuß!«, horchte sie auf. Sie konnte sich dem tiefen Wunsch, in dieses Kloster zu reisen, nicht verweigern. Kaum zu Hause angekommen, griff sie schon zum Telefon und rief ihren Exmann an. Ob er nicht ihre Tochter Natina für ein paar Wochen bei sich aufnehmen könne? Doch der lehnte ab. Er müsse zu einem Kongress ins Ausland. Ihre Tochter aber, die das Gespräch mit angehört hatte, lag von nun an der Mutter ständig in den Ohren, sie solle sie doch mit nach Tibet nehmen. Die Schulferien stünden vor der Tür und sie habe mehr als sechs Wochen frei. Natina, deren vierzehnter Geburtstag nicht mehr fern war, war ein sehr eigenwilliges junges Mädchen, das sich für alles Mögliche interessierte und von Reisen in ferne Länder träumte. Gabrielle sträubte sich zunächst und suchte nach anderen Lösungen, die sich aber eigenartigerweise eine nach der anderen zerschlugen. Und so zog die Philosophin gelassen den Schluss, dass das Schicksal es wohl so gewollt habe. Natina aber fiel ihrer Mutter um den Hals: »Dann ist es also wahr? Wir fahren nach Tibet?«

2

DAS KLOSTER

Das Kloster von Tulanka schmiegte sich auf nahezu viertausend Metern Höhe eng an einen Felsvorsprung im ewigen Eis. Mit dem Auto war ein Hinkommen unmöglich. Etwa fünfzehn Kilometer entfernt lag ein kleiner Marktflecken. Das einzige Hotel des Ortes lag gegenüber dem Busbahnhof. Ebendort trafen sie etwa eine Woche nach den ersten merkwürdigen Ereignissen zusammen: Rabbi Schlomo, die Schamanin Ansya, Padre Pedro, Ma Ananda, Meister Kong, Scheich Jussuf und Gabrielle mit ihrer Tochter.

Da sie die einzigen Ausländer im Hotel waren, schlossen sie schnell Bekanntschaft. Dass sie alle Englisch sprachen, erleichterte den Austausch. Und bald stellten sie fest, dass sie alle auf eine geheimnisvolle Weise gerufen worden waren.

Was aber sollten sie hier? Niemand kannte die Antwort auf diese Frage. Die merkwürdige Art der »Kontaktaufnahme«, die Tatsache, dass sie Vertreter der wichtigsten philosophischen und spirituellen Traditionen der Menschheit waren, schien darauf hinzudeuten, dass sie aus einem ganz bestimmten Grund hier waren. Aber aus welchem?

An diesem Punkt stieß ein alter tibetischer Lama aus dem Tulanka-Kloster zu ihnen. Lama Dorje wurde von zwei jüngeren Mönchen begleitet, die jeder ein Pferd am Zügel führten. Er hörte den Fremden aufmerksam zu und schlug ihnen dann vor, ihr Gepäck auf die Pferde zu laden und ihn ins Kloster zu begleiten.

»Wir folgen Ihnen gerne«, meinte Rabbi Schlomo, »aber sagen Sie uns doch wenigstens, weshalb wir hier sind.« Die anderen nickten zustimmend.

Da malte sich auf dem Gesicht des alten Lama ein breites Lächeln:

»Auch ich erhielt ein Zeichen. Vor drei Tagen träumte mir, ich müsse mich ins Dorf begeben und dort sieben Weise aus dem Ausland abholen, vier Männer und drei Frauen, begleitet von einem blonden Mädchen. Ich sollte alle ins Kloster bringen. Doch aus welchem Grund? Das weiß ich ebenso wenig wie Sie.«

3

TENZIN

Alter und Erschöpfung waren der Grund, warum die sieben Weisen erst nach drei Tagen und zwei Nächten in Tulanka ankamen. Die Kletternden halfen sich zwar gegenseitig bei dem steilen Aufstieg, doch erst am Abend des dritten Tages zeichnete sich endlich das Kloster vor ihnen ab. Die Schönheit des Anblicks, der sich ihren Augen darbot, ließ sie aber alle Mühen vergessen, ja sogar die Übel der Höhenkrankheit, die einige von ihnen befallen hatte. Etwa zwanzig Mönche lebten in dem Kloster, dem ein junger Lama von nur zwölf Jahren vorstand: Tenzin Pema Rinpoche.

Der tibetischen Tradition folgend, war er schon als Kind als Reinkarnation eines großen spirituellen Meisters anerkannt worden: Lama Tokden[1] Rinpoche war der verstorbene Vorsteher des Klosters gewesen. Lama Dorje, der vertrauteste Schüler

---

1 Tokden bedeutet: »der viel meditiert hat« und ist ein Ehrentitel (A.d.Ü.)

von Lama Tokden, war zum Lehrmeister der neuen Inkarnation ernannt worden. Vor seinem Tod hatte Lama Tokden angeordnet, seinen Nachfolger sowohl in tibetischer wie auch in westlicher Tradition zu unterrichten. Dann hatte er verschlüsselte Hinweise hinterlassen, wo seine künftige Wiedergeburt zu finden sei. Drei Jahre nach seinem Tod hatte Lama Dorje die Anweisungen seines Meisters aufs Genaueste befolgt und die Reinkarnation seines Meisters in einer Hütte aufgespürt. Bei der Geburt des Kindes war draußen alles tief verschneit gewesen und doch blühten vorm Fenster Blumen – mitten im Winter. Das hatte die Eltern, einfache Bauern, sehr verwundert. Der Junge war zwei Jahre alt, als Lama Dorje die Familie zum ersten Mal aufsuchte. Lama Dorje hatte sich als Diener verkleidet, ein anderer Mönch gab sich als Lama aus. Doch das Kind schenkte dem Mann im Mönchsgewand keinerlei Beachtung. Es lief direkt auf den verkleideten Lama Dorje zu und sagte strahlend zu ihm: »Lama Tulanka, Lama Tulanka.« Dann griff er nach dem Kranz aus Gebetsperlen, den Lama Dorje um den Hals trug. Er hatte dem alten Meister gehört. Der Junge aber behauptete energisch, dass dies seiner sei. Lama Dorje weinte vor Freude und nahm das Kind und seine Familie mit nach Tulanka. Der Junge behielt seinen Namen: Tenzin. Man fügte ihm nur noch ein »Pema« hinzu und nannte ihn fortan »Rinpoche«, was ein Ehrentitel ist und wörtlich: »höchst Kostbarer« heißt.

Nach einigen Wochen im Kloster verabschiedete sich seine Familie von Tenzin, der künftig von den Mönchen erzogen wurde. Man bat zudem einen Lama, der in Kanada gelebt hatte, sich im Kloster niederzulassen und Tenzin Englisch zu lehren und die Grundzüge der westlichen Kultur zu vermitteln. Sein Vorgänger hatte bestimmt, dass Tenzin nicht die Mönchsgelübde ablegen, sondern nur die einfachen Laiengelübde nehmen sollte. Wenn er dann volljährig wäre, sollte er selbst entscheiden, ob er weiterhin als Laie leben oder ins Kloster eintreten wollte. Bis dahin würde er seinen Alltag mit den Mönchen teilen und dieselben rot-gelben Roben tragen wie sie.

Schon am ersten Abend kamen die Geladenen auf der Terrasse des Klosters zusammen, um den jungen Mann kennenzulernen. Tenzin ergriff das Wort und wirkte so sicher und gelassen, dass seine Gäste staunten: »Ich stelle fest, dass durch das unerfindliche Wirken der Karmagesetze hier acht Weise zusammengekommen sind, welche die acht großen spirituellen Strömungen der Welt vertreten: eine Schamanin, eine europäische Philosophin, eine Hindu-Mystikerin, ein chinesischer Taoist, ein jüdischer Rabbiner und Kabbalist, ein christlicher Mönch, ein islamischer Sufimeister und ein buddhistischer Mönch, nämlich Lama Dorje.« Der junge Lama hielt kurz inne und ließ seinen Blick auf Natina ruhen, die ihn aus ihren blauen Augen unverwandt ansah. »Ich freue mich, dass euch das Mädchen mit dem Haar der Sonne und den Augen des Himmels begleitet. Denn sie scheint trotz ihrer Jugend von großer Weisheit zu sein.« Das süße Gesichtchen Natinas lief purpurrot an. Tenzin lächelte und fuhr fort. »Ihr seid alle aus freiem Willen hier. Ihr seid dem Ruf eures Herzens gefolgt, ohne den Grund für diese Reise zu kennen, die euer Leben durcheinandergebracht hat. Wir werden alles tun, damit euer Aufenthalt hier so angenehm wie möglich wird, auch wenn unser Kloster arm ist und weitab von der Welt liegt.«

Nach diesen Worten kehrte tiefes Schweigen ein, das erst von

Padre Pedro wieder gebrochen wurde. »Wir danken euch für diesen warmherzigen Empfang, Lama Tenzin. Die Einfachheit dieses Ortes stört uns nicht im Geringsten, ganz im Gegenteil. Doch die Frage, die uns allen auf der Zunge liegt, ist: Wir würden gerne wissen, weshalb wir hier sind und wie lange unser Aufenthalt dauern soll.«

Aus der Gruppe der Weisen erhob sich zustimmendes Murmeln.

»Ich weiß darüber ebenso wenig wie Lama Dorje. Ich selbst hatte keinen Traum und ich habe auch keine Stimmen gehört.«

»Darüber sollten wir uns keine Gedanken machen«, erklang die sanfte Stimme von Ansya, der Schamanin. »Die Kraft, die uns hierhergeführt hat, wird uns zeigen, was wir zu tun haben.«

»So ist es«, stimmte Ma Ananda zu. »Folgen wir weiterhin unserer Führung, und wir werden sehen.«

»Wenn unser Aufenthalt sich aber in die Länge ziehen sollte«, meinte Scheich Jussuf, »dann würde ich gerne Kontakt zu meiner Familie aufnehmen. Gibt es denn eine Möglichkeit, mit der Außenwelt in Verbindung zu treten?«

»Leider nein«, antwortete Lama Dorje. »Hier gibt es weder Telefon noch Internet. Unser Kloster liegt zu abgeschieden und, um die Wahrheit zu sagen, hatten wir noch nie das Bedürfnis. Ich hoffe doch, Sie haben Ihren Angehörigen gesagt, dass Sie unter Umständen länger fort sind …«

»Ja, schon«, antwortete Gabrielle. »Aber für diejenigen unter uns, die Familie haben, sollte sich der Aufenthalt trotzdem nicht allzu lange hinziehen.«

»Nur keine Sorge«, meinte Meister Kong und lächelte fein. »Ich verreise nie ohne mein Satellitentelefon und mein Laptop …«

Verblüfft sah Gabrielle den alten Mann an, der wirkte, als wäre er einem anderen Jahrhundert entsprungen. Dann lachte sie hellauf. Ihr Gesicht strahlte.

»Nun, da unser Kommunikationsproblem gelöst ist, würde ich Sie alle gerne einladen, die Speise aus geröstetem Gerstenmehl zu kosten, für die wir hier berühmt sind: Tsampa«, meinte Tenzin heiter. Die anderen stimmten fröhlich nickend zu.

Keiner von ihnen konnte sich vorstellen, was auf sie zukommen würde.

4

DIE QUELLE, DER ELEFANT UND DER BERG

Die ersten Tage vergingen in bester Stimmung. Die acht Weisen hatten Freude daran, einander kennenzulernen und sich auszutauschen. Jeder war in seiner eigenen Tradition sehr bewandert, hatte sich aber nie die Zeit genommen, die anderen spirituellen Strömungen der Welt zu studieren. Bald stellten sie mit Erstaunen fest, dass es zwar in der Theorie allerlei Unterschiede gab, doch in der gelebten Spiritualität fanden sich doch viele Gemeinsamkeiten.

»Wir teilen eine sehr ähnliche spirituelle Erfahrung, auch wenn die Sprache, die unsere jeweilige Tradition dafür gefunden hat, sich unterscheidet«, bemerkte Ma Ananda eines Abends, als sie mit den anderen zusammen das Abendessen auf dem Dach des Klosters einnahm.

»Ja«, antwortete Padre Pedro heiter. »Die spirituell Suchenden dieser Welt scheinen aus ein und derselben Quelle zu trinken: der des Lebens und der Liebe. Tag für Tag versuchen wir in Meditation und Gebet, durch das Öffnen von Herz und Geist, aus der Quelle der ewigen Weisheit zu schöpfen. Dabei bemächtigt sich unser eine tiefe Freude, die uns eintauchen lässt in die Stille der Kontemplation.«

Mit einem schelmischen Grinsen fügte Rabbi Schlomo hinzu:

»In dieser Hinsicht haben wir uns von den Dogmenwächtern aller Religionen weit entfernt. Denn sie halten sicheren Abstand zu dieser Quelle und streiten sich unermüdlich darüber, ob das Wasser – von dem sie nie gekostet haben – warm oder kalt, salzig oder süß, prickelnd oder still, magnesium- oder kalkhaltig ist.«

Alle am Tisch lachten.

»Kennt ihr denn die Geschichte vom Elefanten?«, fragte Scheich Jussuf seine Mitschmausenden.

Ma Ananda und Lama Dorje nickten lächelnd.

»Ich leider nicht!«, rief Meister Kong.

»Diese Geschichte geht so: Eines Tages lässt ein König alle Blindgeborenen seines Reiches zusammenkommen und fragt sie: ›Wisst ihr, was ein Elefant ist?‹ Die Männer antworten: ›O erhabener König, wir wissen es nicht. Wir kennen keinen Elefanten.‹ Und so fragt der König weiter: ›Möchtet ihr denn wissen, welche Gestalt ein Elefant hat?‹ Und die blinden Menschen antworten: ›Ja, wir möchten gerne wissen, wie ein Elefant beschaffen ist.‹ Also gibt der König seinen Dienern Befehl, einen Elefanten herbeizubringen. Dann sagt er den Blinden, sie sollen den Elefanten mit ihren Händen befühlen und ihm die Gestalt des Tiers beschreiben. Einige der Blinden bekommen den Rüssel des Elefanten zu fassen, andere eines der Ohren, wieder andere die Stoßzähne, den Kopf, die Flanken, die stämmigen Beine oder den Schwanz. Dann fragt der König die Blinden: ›Nun sagt mir, wie sieht der Elefant denn aus?‹ Diejenigen, die den Rüssel zu fassen bekommen haben, meinen: ›Wie eine dicke Liane.‹

Wer das Ohr betastet hat, sagt unweigerlich: ›Er sieht aus wie ein Bananenblatt.‹ Wer den Stoßzahn berührt hat, meint: ›Der Elefant sieht aus wie der Stößel eines Mörsers.‹ Wer aber den Kopf zu fassen bekommen hat, sagt: ›Der Elefant hat die Form eines Kessels.‹ Wer die Flanken erspürt hat, findet, er ähnle einer Mauer. Wer über ein Bein gestrichen hat, hält ihn für eine Art Baum. Derjenige aber, der den Schwanz des Elefanten gespürt hat, behauptet: ›Der Elefant sieht aus wie ein Seil.‹ Darüber geraten die Blinden in Streit. Sie beschuldigen sich gegenseitig, Unsinn zu reden. Der König bricht in Gelächter aus. Dann aber meint er: ›Der Körper des Elefanten ist, wie er ist. Dass ihr jetzt über seine Gestalt streitet, liegt einzig daran, dass jeder nur einen bestimmten Teil des Tieres zu fassen bekommen hat. Der scheinbare Unterschied liegt nur in eurer begrenzten Wahrnehmung begründet.‹ Das Gleiche gilt für die verschiedenen Religionen«, meinte der Sufimeister. »Jeder beschreibt Gott, das Göttliche oder Absolute von dem begrenzten Standpunkt seiner Wahrnehmung aus. Keine Religion kann behaupten, im alleinigen Besitz der Wahrheit zu sein. Denn diese ist in viele Splitter zerteilt, die sich über die ganze Welt verbreitet haben.«

»Eben das bezeichnen wir in der kabbalistischen Tradition als Tzimtzum«, meinte Rabbi Schlomo. »Vor der Entstehung der Welt füllte Gott den gesamten Raum aus. Als er aber das Universum schuf, zog der Ewige sein Licht in sich zurück, um sich der Aufnahmefähigkeit seiner Geschöpfe anzupassen. Tzimtzum bedeutet also, dass das göttliche Licht sich in gewisser Weise verbirgt. Seit dieser Zeit hat jede Welt, jede Tradition, jedes Individuum nur bedingt Zugang zu ihm, je nach den Fähigkeiten und Mitteln, die ihnen gegeben sind. Und so enthüllt sich das göttliche Licht schrittweise allen Wesen in allen Welten. Daher kann niemand von sich behaupten, die gesamte Offenbarung zu kennen. Ganz im Gegenteil: Jeder von uns braucht den anderen, um die Erkenntnis des Lichts immer weiter vorantreiben zu können.«

»Ja«, nahm Ma Ananda den Faden auf. »Jede Religion hat eine einzigartige und nur ihr eigene Weise, die universelle Wahrheit zu begreifen.« Sie ließ den Blick über die umliegenden Berggipfel schweifen. »Das ist wie mit diesen Gebirgszügen. Jeder besteht aus Gipfeln, die sich erklimmen lassen. Weshalb sollte man sie vergleichen? Jeder für sich ist schön und der Weg dorthin bietet allerlei Gelegenheit zu lernen. Jeder Pfad, der zum Gipfel führt, weist die verschiedensten Hindernisse auf, bevor er den Blick auf einzigartige Panoramen freigibt. Es ist letztlich nicht von Bedeutung, welchen Gipfel man bezwingt, sondern welchen Weg man dorthin nimmt. Ob man ihn mit Aufmerksamkeit geht, mit Beständigkeit, mit offenem Herzen und wachem Geist. Denn nicht der Name des von uns erstiegenen Gipfels ist es, der uns verwandelt, sondern die Achtsamkeit und Liebe, die wir auf dem Weg entwickelt haben. Die Welt ist schön, eben weil ihre Landstriche so verschieden sind. Das spirituelle Leben aber ist schön, weil es so viele Wege kennt.«

5

STÜRMISCHE GEFÜHLE

Einer nach dem anderen vergingen die Tage. Nach den ersten gemeinsam verbrachten Stunden, in denen die Weisen sich untereinander austauschten, empfanden sie immer stärker das Bedürfnis nach Rückzug in Meditation und Gebet. Eine Aura der Stille und Sammlung legte sich über das Kloster, nur gelegentlich unterbrochen von den Glocken, die zur gemeinsamen Praxis riefen, oder vom fröhlichen Lachen der jungen Novizen.

Tenzin und Natina kamen sich allmählich näher. Obwohl der junge Mann achtzehn Monate jünger war als das blonde Mädchen, war er fast so groß wie sie. Tenzins kohlschwarzes Haar und seine dunklen Augen bildeten einen scharfen Gegensatz zu Natinas Äußerem. Die junge Niederländerin fühlte sich vom tiefen spirituellen Wissen des jungen Lama angezogen, dieser wiederum erkannte fasziniert, wie vielseitig Natinas Kenntnisse über die westliche Kultur waren, die sie sich hauptsächlich durch Surfen im Internet angeeignet hatte. Am dritten Tag bat Natina den jungen Lama, ihr die Umgebung des Klosters zu zeigen. Und so begannen sie, nach dem Frühstück lange Spaziergänge zu machen. Sie stiegen den Steilhang hinunter und gingen auf der Hochebene spazieren.

Eines Tages ergriff Natina die Hand des jungen Mannes und zog ihn einfach mit. Lachend rannten die beiden durch die wogenden Gerstenfelder. Dieses Erlebnis wühlte Tenzin bis in sein tiefstes Inneres auf. Zum ersten Mal, seit er seine Familie verlassen hatte, hielt er die Hand einer Frau. Natina ließ ihr Köpfchen an die Brust des jungen Lama sinken, um wieder zu Atem zu kommen. Erstaunt wandte sie ihm ihren Blick zu und murmelte: »Wie stark dein Herz schlägt.«

»Nun, wir sind ja auch ganz schön gelaufen«, gab dieser verlegen zurück.

Natina nahm die Hand des jungen Mannes und legte sie auf ihre Brust.

»Daran kann es nicht liegen. Meines schlägt nicht so stark.«

Obwohl Natinas Geste voller Unschuld gewesen war, stürzte sie den armen Tenzin in tiefste Verwirrung. Brüsk zog er die Hand zurück und forderte seine neue Freundin auf, ihn zurück ins Kloster zu begleiten.

Auf dem gesamten Rückweg sagte Tenzin nicht ein Wort. Später, während der gemeinsamen Andacht, geschah es ihm zum ersten Mal, dass er sich nicht konzentrieren konnte. Und das Mittagessen ließ er ganz ausfallen. Am Abend klopfte er an die Tür des alten Lama Dorje und erzählte ihm von seiner Not. Dieser schwieg einen Moment lang, dann lächelte er: »Vermutlich bist du verliebt, mein Junge!« Tenzin senkte beschämt den Kopf. »Das ist nicht weiter schlimm«, meinte Lama Dorje. »Aber vielleicht bist du ein bisschen sehr jung? Und das Verliebtsein passt wohl auch nicht so recht zu dem, was du dir vorgenommen hast? Vielleicht wäre es besser, mit deiner Freundin nicht mehr so oft allein zu sein. Außerdem bietet dir diese Erfahrung Gelegenheit, eine bestimmte Meditation zu üben, die dir helfen wird, deine Gefühle umzuwandeln. Dabei lernst du, dass die Liebe deine Konzentration nicht stören muss, ja dass du dich sogar auf diese edle Empfindung stützen kannst. Dann wird sie deinen Körper nicht mehr in Aufruhr versetzen, sondern dein Herz weit werden lassen.«

Auch Natina hatte ihrer Mutter von ihrem Erlebnis in den Gerstenfeldern erzählt. Gabrielle erklärte ihrer Tochter, dass sie Tenzin gegenüber etwas mehr Zurückhaltung üben müsse, da dieser den Umgang mit jungen Mädchen nicht gewöhnt sei.

Von nun an unterließen die beiden jungen Leute ihre gemeinsamen Spaziergänge außerhalb des Klosters. Doch sie sahen sich trotzdem oft innerhalb der Klostermauern und erzählten sich viel über ihr Leben. Mit immer größer werdendem Interesse stellten sie fest, wie unterschiedlich sich dies jeweils gestaltete. Die Unruhe des Herzens, die den jungen Lama befallen hatte, machte bald einer tiefen Zuneigung für Natina Platz, die diese vorbehaltlos erwiderte. Die beiden jungen Leute schworen sich, sich nach Natinas Abreise regelmäßig zu schreiben. Doch wann würde dies sein?

Einige der Weisen nahmen regelmäßig am klösterlichen Leben der Mönche teil, andere praktizierten nach ihrem eigenen Ritus. Am Abend traf man sich wieder zum Essen, gefolgt von einer Zeit des gemeinsamen Schweigens. »Dabei beten wir nicht gemeinsam, doch wir sind vereint im Gebet«, hatte Padre Pedro schon am ersten Abend gesagt. Die Tage vergingen und die Zeit des Gebets wurde intensiver und länger, gleichzeitig aber auch beschwerlicher. Das Warten zerrte an den Nerven der Versammelten, schließlich hatten einige von ihnen recht abrupt ihre Familie hinter sich gelassen, ihre Freunde, ihre Schüler, ihre Projekte, ihre Forschungsarbeiten … nur um sich auf dieses merkwürdige innere Abenteuer einzulassen. Siebzehn Tage waren vergangen, seit sie im Kloster angekommen waren.

In dieser Zeit war die Ruhe des Ortes nur durch ein Ereignis von außen gestört worden: Irgendwann hatten alle wildlebenden Tiere die Umgebung des Klosters verlassen. An jenem Tag hatten die Mönche einen dumpfen Laut vernommen wie ein Donnergrollen: Alle Mufflons stieben, umgeben von einer dichten Staubwolke, über die Hochebene davon. Ohne erkennbaren Grund.

Doch davon abgesehen hatte sich überhaupt nichts ereignet, und die Geduld der Weisen wurde auf eine harte Probe gestellt. Jeden Morgen musterten sie einander verstohlen, um zu sehen, ob nicht der ein oder andere im Traum ein Zeichen erhalten hatte, eine Eingebung, die Klarheit über den Sinn ihres Tuns hätte bringen können. Aber nichts dergleichen. Gabrielle war sichtlich nervös. Schließlich musste sie zum Schulanfang mit Natina wieder in den Niederlanden sein. Und sie war es auch, die die Dinge vorantrieb.

Eines Abends verkündete sie nach der gemeinsamen Meditation, dass sie Tulanka verlassen würde. Nach der ersten Schrecksekunde kam von allen Seiten Zustimmung: Jeder der Anwesenden hieß die Entscheidung der Philosophin gut. Diese

Warterei musste endlich ein Ende haben. Und so beschlossen die sieben Weisen, die aus fremden Ländern hierhergekommen waren, dass sie am nächsten Morgen aufbrechen würden.

In dieser letzten Nacht aber überstürzten sich die Ereignisse.

6

DIE TRÄUME

Rabbi Schlomo erschien als Letzter zum Frühstück. Er sah müde und besorgt aus. Gabrielle fragte ihn, was ihm auf der Seele liege. »Ich hatte einen schrecklichen Albtraum«, murmelte der alte Rabbi. »Ich habe die Stadt Jerusalem gesehen, wie sie von einem Erdbeben in Schutt und Asche gelegt wurde. Am Ende blieb kein Stein mehr auf dem anderen: ein einziges Trümmerfeld. Ich habe die ganze Nacht kein Auge mehr zugetan!«

Die anderen sieben Weisen verstummten und sahen sich überrascht an. Dann ergriff Scheich Jussuf das Wort:

»Ich habe genau das Gleiche geträumt. Nur war es in meinem Traum die Stadt Mekka, die einstürzte.«

»Und ich habe Benares gesehen, das in den Fluten unterging«, rief Ma Ananda aus.

»Ja, auch mein taoistischer Tempel wurde überflutet«, fuhr Meister Kong fort. »Innerhalb weniger Minuten wurde alles hinweggeschwemmt.«

»Und ich habe die mongolische Steppe in Flammen aufgehen sehen«, warf Ansya, die Schamanin, ein.

»In meinem Traum war es der Petersdom, der brannte und dann in sich zusammenstürzte«, stammelte Padre Pedro halb erstickt.

»Ich habe die Universität von Amsterdam brennen sehen«, murmelte Gabrielle.

»Und ich dieses Kloster«, ließ sich Lama Dorje vernehmen.

Schweigen kehrte ein. Dann ergriff Padre Pedro das Wort: »Im Traum wurden wir Zeugen, wie die Heiligtümer unserer spirituellen Traditionen zerstört wurden. Es ist schon erstaunlich, dass wir in der letzten Nacht alle den gleichen Traum hatten.«

»Ausgerechnet am Vorabend unserer Abreise«, warf Ansya ein. »Als hätte das Schicksal uns eine Botschaft gesandt, um uns zum Bleiben zu bewegen ...«

»Die Botschaft liegt doch klar auf der Hand«, meinte der Sufimeister. »Eine Katastrophe wird die Erde erschüttern, und ein Großteil der Menschheit läuft Gefahr, vernichtet zu werden.«

»Das kann ich nicht so recht glauben«, sagte Padre Pedro, nachdem er einen Moment lang nachgedacht hatte. »Die Orte, die wir im Traum gesehen haben, stehen für die Religionen der Welt: Sie befinden sich im Fadenkreuz, nicht die Menschheit als solche. Möglicherweise werden wir den Untergang jener Welt erleben, deren Fundament die großen religiösen Traditionen waren. Und die Geburt eines neuen Zeitalters, das von seinen metaphysischen Wurzeln abgeschnitten ist.«

»Nun, diese Entwicklung lässt sich im Ansatz ja schon beobachten«, fuhr Gabrielle fort. »Die Welt der Moderne leidet, zumindest in Europa, unter Gedächtnisverlust: Sie leugnet ihre religiöse Vergangenheit. Und was heute in Europa geschieht, wird zweifelsohne bald auf die ganze Welt übergreifen.«

»Aber nicht von heute auf morgen«, wandte Rabbi Schlomo ein. »Außerdem können wir da gar nicht so sicher sein. Schließlich kehren viele Menschen zur Religion zurück! Ich glaube eher wie Scheich Jussuf, dass wir vor einer weltweiten Katastrophe stehen und der Ewige uns hier versammelt hat, damit wir den Menschen der Zukunft eine gemeinsame Botschaft hinterlassen.«

Padre Pedro sah ihn zweifelnd an.

»Was meinen Sie damit genau?«

»Warum sollte uns das Schicksal – welchen Namen man ihm auch geben mag – hier zusammengeführt haben, um uns auf eine bevorstehende Katastrophe hinzuweisen? Das kann doch nur einen Grund haben: Wir sollen uns auf eine Botschaft einigen. Eine Lehre, die wir aufzeichnen und der Nachwelt hinterlassen können ...«

»Auch ich bin dieser Meinung«, ließ sich Ma Ananda vernehmen. »Außerdem ist es vielleicht gar nicht von Bedeutung, ob es eine Katastrophe geben wird oder nicht. Ob unsere Heiligtümer wirklich zerstört werden oder ob sie nur symbolisch für die Krise unserer jeweiligen spirituellen Tradition stehen. All das ist nicht wichtig. Unsere Träume haben uns gezeigt, dass im Buch der Geschichte eine neue Seite aufgeschlagen wird. Dass wir unsere Unterschiede überwinden sollen in dem Versuch, gemeinsam die universellen Grundlagen der Weisheit zu formulieren.«

In der sich nach diesen Worten ausbreitenden Stille schien jeder in tiefe Meditation versunken. Schließlich meldete sich Lama

Dorje zu Wort: »Nehmen wir einmal an, das ist so richtig. Dann stellen sich natürlich zwei Fragen. Die erste ist: Was sollen wir sagen? Und die zweite: Wie können wir das, was wir sagen wollen, festhalten?«

»Nun, Letzteres ist natürlich wesentlich leichter zu beantworten«, meinte Rabbi Schlomo ironisch. »Vermutlich gibt es hier Stift und Papier. Es genügt doch, wenn wir alles aufschreiben.«

»Da bin ich mir nicht so sicher«, widersprach Ansya. »Wenn sich eine wirkliche Katastrophe ereignen sollte, ist sicher auch dieses Kloster betroffen. Und was wird dann aus den paar beschriebenen Blättern?«

»Das ist richtig«, meinte Meister Kong. »Vielleicht sollten wir die Botschaft in Holz schnitzen. Oder noch besser, in Stein hauen. Dann wäre sie auch vor Feuer und Erdbeben sicher.«

»Was das angeht, habe ich natürlich keine Einwände«, meinte der Rabbi. »Schließlich hat Moses das Gesetz auch auf Steintafeln erhalten! Aber vermutlich gibt es hier im Kloster keinen Steinhauer …«

Lama Dorje schüttelte den Kopf und bestätigte die Annahme des Rabbi.

»Außerdem ist mir nicht ganz klar, wie wir die Weisheit der Welt in einige wenige Sätze fassen sollen, die auf ein paar Steintafeln Platz haben«, warf Gabrielle ein. »Regeln für ein ethisches Leben lassen sich freilich kurzfassen, aber die Gesetze des spirituellen Lebens erfordern vielleicht die ein oder andere Erklärung.«

»Darüber hinaus gilt das, was wir zu sagen haben, ja nur für uns«, meinte Padre Pedro. »Wer sind wir, dass wir unser geringes Verständnis der Weisheit in Stein hauen lassen wollen?«

In diesem Punkt waren sich alle einig. Aber die Schamanin hatte eine Eingebung. Ansya wandte sich den beiden Jugendlichen zu, die seit Beginn des Gesprächs nur stumm dagesessen waren.

»Und ihr? Habt ihr auch geträumt?«

Die Blicke aller Anwesenden richteten sich auf die beiden.

»Ja!«, antworteten sie fast wie aus einem Mund.

»Mir hat geträumt, ich sei ein kleiner Bachlauf«, erzählte Natina. »Dann aber mündeten immer mehr Flüsse in mich, acht an der Zahl. Da wurde ich ein großer, breiter Strom und ergoss mich in eine Ebene, die so dürr und zerrissen war wie ein ausgetrocknetes Meer ...«

»Doch der breite Strom bewässerte die ganze Wüste ... bis am Ende alle möglichen Sträucher und Blumen zu sprießen begannen«, fuhr Tenzin fort. Er ergriff die Hand des Mädchens und beugte sich zu ihr: »Ich habe dasselbe geträumt wie du, Natina.«

Alle hatten den beiden zugehört und es herrschte eine Weile Stille. Schließlich ergriff Meister Kong, der während der Erzählung die Augen geschlossen hatte, das Wort:

»Der Traum der beiden scheint mir sehr klar zu sein. Wir sind die acht Ströme, die den Geist der Kinder zum Wachsen bringen müssen. Was wir sie mit unseren Worten lehren, wird in ihrem Geist Früchte tragen und all jene inspirieren, denen sie diese Lehren weitergeben werden.«

»Das ist auch meine Ansicht«, meinte Ansya. »Die Übertragung durch das Wort scheint mir den spirituellen Lehren angemessener als jede schriftliche Form, die am Ende alles erstarren lässt. Was wir diese jungen Leute lehren werden, bleibt in ihrem Herzen eingraviert. Doch sie werden es auf ihre

Weise weitergeben, ihrem Verständnis und ihrem Leben entsprechend.«

Mit leichtem Nicken stimmten die anderen zu.

»Dann haben wir also die zweite Frage gelöst«, meinte Lama Dorje. »Aber nicht die erste«, gab Ma Ananda zurück. »Was wollen wir diese jungen Leute lehren?«

7

DAS WESENTLICHE BLEIBT DEN AUGEN VERBORGEN

»Sicher ist es einfacher, zusammenzufassen, was uns trennt, als dahinterzukommen, was wir gemeinsam haben«, begann Rabbi Schlomo mit seiner üblichen Prise Ironie.

»Die wesentliche Frage, über die wir uns sicher nicht einigen können, ist doch: Wie definieren wir das Absolute?« Dieser Einwurf kam von Gabrielle. »Ich zum Beispiel teile den pantheistischen Standpunkt der Stoiker und Spinozas: Gott lebt in der Natur. Er ist kein höheres Wesen, nicht der Schöpfer der Welt, der durch die Stimme der Propheten zu den Menschen spricht – wie sich Juden, Christen und Muslime das vorstellen. Er ist vielmehr eine unpersönliche Kraft, die in jedem Wesen lebt und die Welt ins Gleichgewicht bringt.«

»Dann müssen wir doch gar nicht erst von Gott sprechen!«, rief Scheich Jussuf lachend aus. »Es gibt ohnehin viele andere Dinge, die wir gemeinsam haben. So glauben wir letztlich alle an die Existenz der sichtbaren Welt, die unseren Sinnen zugänglich ist, und an eine unsichtbare Welt, deren Existenz wir nur durch unser Herz, unseren Geist, unsere Intuition erfassen können.«

»Ja, das denke ich auch«, gab Gabrielle zurück. »Der unsichtbare Geist und die sichtbare Materie gehen auf höchst geheimnisvolle Weise ineinander über. Sogar jüngere wissenschaftliche Erkenntnisse zeigen, was die Weisen der Welt schon seit Jahrtausenden lehren. Am Ende wissen wir nicht, was Materie ist und was die spirituelle Energie.«

»Wir wissen, dass es unsichtbare Ströme gibt, die die Welt ebenso durchfließen wie den menschlichen Körper«, warf Meister Kong ein. »Auf dieser Erkenntnis beruht die gesamte energetische Medizin des alten China. Diese unsichtbare Welt aus Kräften oder Energien hat trotzdem nichts Übernatürliches an sich: Sie ist vielmehr höchst natürlich. Anders als die Materialisten aber denken wir, dass es in der Natur verschiedene Ebenen der Wirklichkeit gibt. Eine sicht-, beobacht- und messbare Ebene, die von den Sinnen wahrgenommen wird. Und eine subtilere Ebene, unsichtbar für die Augen des Körpers, aber ebenso real, dass wir auf sie einwirken können. Ist es nicht das, was ihr als Schamanen tut, liebe Ansya?«

»Ja, genau. Die schamanische Trance ist ein veränderter Bewusstseinszustand, in dem wir eine andere Ebene der Wirklichkeit wahrnehmen. Wenn ich in Trance gehe, verändert sich mein Geist. Ich nehme Form und Farbe der Seelen der Umstehenden ebenso wahr, wie die Anwesenheit störender Energien. In meiner Arbeit behandle ich die Seele, um den Körper zu heilen.«

»Also ist es die Seele, die uns eint«, sagte der Rabbi bestimmt. »Welchen Namen wir auch dafür finden mögen, wir alle kennen diese Erfahrung eines inneren, unsichtbaren Teiles unserer selbst, der nicht auf den materiellen Körper zurückzuführen ist.«

Wieder nickten die Weisen zustimmend mit dem Kopf. Als Nächstes sprach Sufimeister Jussuf:

»Ich würde hinzufügen, dass wir alle an die Unsterblichkeit zumindest eines Teils unserer Seele glauben: des Geistes. Gilt das nicht auch für die großen Philosophen der Antike?«

»Natürlich«, gab Gabrielle zurück. »Von Pythagoras bis Plotin, von Sokrates bis Platon, Aristoteles oder den Stoikern: Der Großteil der griechischen Philosophen glaubt daran, dass ein Teil der Seele unsterblich ist. Für die Griechen gab es eine vegetative Seele, welche den lebenden Organismus zusammenhält; eine fühlende Seele bei Mensch und Tier; und eine Geistseele, die nur der Mensch besitzt: der *Nous*, den wir mit dem Geist gleichsetzen können. Diese Geistseele ist unsterblich. Sie ist göttlichen Ursprungs und wird nach dem Tod zu Gott zurückkehren. Was dies angeht, sind wir uns im Glauben einig.«

Nun aber hob Lama Dorje zum Zeichen des Einspruchs seine rechte Hand:

»Für uns Buddhisten hat der Geist weder Anfang noch Ende. Unsere jüdischen, christlichen und muslimischen Freunde aber glauben, dass er im Moment der Empfängnis von Gott geschaffen wird oder während der Zeit, die der Fötus im Mutterleib verbringt. Und während wir glauben, dass das Bewusstsein von einem Körper in einen anderen übergeht, bis es die Erleuchtung erreicht hat, glauben unsere Freunde, dass es sich nur ein einziges Mal inkarniert und nach dem Tod jenseits dieser Welt weiterlebt, entweder im Paradies oder in der Hölle, je nachdem, ob es im Laufe seines Daseins gute oder böse Taten vollbracht hat.«

»Nun, so ganz simpel sind unsere Vorstellungen diesbezüglich nicht«, schaltete sich Padre Pedro ein. »Was wir als ›Hölle‹

bezeichnen, ist nichts anderes als die Entfremdung vom höchsten Gut, welches Gott ist … wohingegen das ›Paradies‹ als der Zustand bezeichnet werden kann, in dem die Seele sich ewig an Gott erfreuen kann. Die meisten Seelen lernen nach dem Tod vermutlich einen Zwischenzustand kennen, in dem sie gereinigt werden. In diesem Zwischenzustand können sie sich an der Gewissheit erfreuen, dass das höchste Gut existiert und dass es reine Liebe ist … andererseits erfahren sie auch den Schmerz, von ihm getrennt zu sein. Sie wissen, dass sie ein gewisses Maß an Leid hinnehmen müssen, um zu Gott zurückzufinden.«

»Wie dem auch sei«, meinte Ma Ananda mit einem breiten Lächeln auf dem Gesicht. »Wir alle glauben, dass dieses Leben von entscheidender Bedeutung ist und dass unser Denken und Handeln nicht nur unser Dasein auf Erden bestimmt, sondern auch die künftige Existenz unseres Geistes nach dem Hinscheiden unseres materiellen Körpers, nicht wahr?«

Die anderen sieben Weisen bekundeten ihre Zustimmung.

»Ich möchte daher vorschlagen, dass sich die Lehren, die wir den jungen Leuten übermitteln, weniger auf die Grundlagen unseres Glaubens konzentrieren sollten, sondern mehr auf die richtige Haltung dem irdischen Dasein gegenüber. Damit dieses Leben im bestmöglichen Sinne geführt werden kann.«

»Ja, das ist eine wirklich gute Idee«, bekräftigte der Sufimeister. »Am besten klammern wir alle theologischen und auf die religiöse Praxis bezogenen Fragen, die unsere jeweiligen Traditionen unterscheiden, ganz aus. Sprechen wir doch stattdessen über jene Dinge, die uns im Leben helfen und uns auf dem spirituellen Weg voranbringen können.«

»Am sinnvollsten ist es, wenn wir von der Erfahrung ausgehen«, meinte Padre Pedro zustimmend. »Wir haben ja bereits gesehen, dass sie uns über die Grenzen der Dogmen und Riten hinweg gemeinsam ist. Sie eint uns auf der Suche nach der Weisheit.«

»Auch ich bin damit einverstanden«, meinte Ansya. »Wir alle suchen nach dem Licht der Wahrheit. Wir können sie in groben Zügen erkennen und sie den jungen Leuten in möglichst einfachen Worten erläutern. Ihr Herz ist rein und ihr Durst nach Wissen groß.«

»Und damit sind wir auch schon bei einem großen Ideal der antiken Philosophie«, fügte Gabrielle hinzu. »Wie kann man ein gutes Leben leben? Die Suche nach Weisheit, das Streben nach einem hochstehenden Ideal der Lebensführung ist allen Menschen eigen, ob sie nun gläubig sind oder nicht. Letztlich ist dies sogar die eigentliche Definition der Philosophie. Wörtlich bedeutet dieser Begriff ja ›Liebe zur Weisheit‹. Die Suche danach stützt sich auf die Vernunft und die Erfahrung. Daher ist sie auch universell.«

»Sehr gut«, meinte der Lama. »Da wir uns nun einig sind, schlage ich vor, dass wir uns einige Tage zurückziehen, um zu meditieren und zu beten. Dann sollten wir uns wieder versammeln, um darüber zu sprechen, was wir für die Grundprinzipien der Weisheit halten. Erst danach sollten wir Tenzin und Natina die Frucht unserer Bemühungen präsentieren. Was haltet ihr davon?«

Die anderen sieben Weisen waren mit dem Vorschlag Lama Dorjes einverstanden. Und so begaben sie sich in ihre Zellen, um sich in Gebet und Meditation zu versenken.

8

DER DRACHEN UND DIE WELTSEELE

Die beiden jungen Leute blieben allein auf der Terrasse des Klosters zurück. Begierig hatten sie die Worte der Weisen aufgesogen, auch wenn sie deren Sinn nicht immer verstanden. Was ihnen aber wirklich Sorgen machte, war die ungeheure Verantwortung, die auf ihren Schultern lastete. Würden sie die Lehren, die man ihnen geben würde, denn überhaupt begreifen? Würden sie diese behalten können? Im Blick Tenzins entdeckte Natina dieselben bangen Fragen. Und so griff sie nach seiner Hand und flüsterte ihm lächelnd zu: »Zum Glück sind wir zu zweit. Was ich nicht verstehe, wirst du begreifen. Und was du vergisst, kann ich mir ja vielleicht merken.«

Da musste auch Tenzin lächeln.

»Du hast recht! Entspannen wir uns lieber ein bisschen. Schließlich müssen wir uns ohnehin bald richtig anstrengen. Komm mit, ich möchte dir den tollen Drachen zeigen, den Lama Dorje mir zum zwölften Geburtstag geschenkt hat.«

Während Tenzin und Natina mit dem Drachen spielten und gemeinsam Yoga übten, um Geist und Körper gleichermaßen geschmeidig zu halten, blieben die acht Weisen in ihren Zellen. Wie Lama Dorje vorgeschlagen hatte, kamen sie danach wieder im Gemeinschaftsraum zusammen und debattierten vier Tage lang über das, was sie entdeckt hatten. Sie hatten darum gebeten, dass man ihnen morgens und abends etwas zu essen bringen sollte. Den Rest der Zeit verbrachten sie im Gespräch, um gemeinsam festzulegen, was sie die jungen Leute lehren wollten. Erst spät am Abend zogen sie sich in ihre Zellen zurück, um sich auszuruhen. Doch schon beim ersten Morgengrauen erhoben sie sich wieder und machten sich von Neuem ans Werk.

Am Morgen des fünften Tages, als sich die acht Weisen erneut in den Gemeinschaftsraum begaben, begannen plötzlich ohne menschliches Zutun alle Glocken des Klosters zu läuten. Ein alter Lama, der hellseherische Fähigkeiten besaß, interpretierte dies als böses Omen, das er mit der plötzlichen Flucht der Mufflons in Zusammenhang brachte. »Nun hat das Schicksal uns schon zweimal gewarnt: Eine dunkle Kraft ist in der Welt am Wirken und wird uns bald erreichen«, sagte er und nahm dann ohne jeden weiteren Kommentar seine Gebete wieder auf.

Und so beschlossen die acht Weisen, ohne Verzögerung mit ihren Lehren zu beginnen. Nur einen Tag der Ruhe gönnten sie sich, in dessen Verlauf die meisten von ihnen in der schönen Umgebung des Klosters spazieren gingen.

Am nächsten Morgen nach dem Morgengebet und dem Frühstück rief Lama Dorje die beiden jungen Leute zu sich und führte sie zu den anderen auf die Terrasse. Dort setzten sich alle auf der Erde oder auf niedrigen Stühlen im Kreis. Tenzin und Natina, die im Schneidersitz nebeneinander saßen, waren ein wenig eingeschüchtert von der feierlichen Atmosphäre. Im

Laufe der letzten Tage hatten die Weisen sich verändert. Ihre Gesichter wirkten eingefallen und angespannt. Alle hatten einen ernsten und hochkonzentrierten Blick. Ohnehin war Natina zuletzt mehr als erstaunt gewesen, wenn sie ihre Mutter sah: Diese hatte einen Zustand der Versenkung entwickelt, den Natina so noch nie an ihr erlebt hatte.

Nach einem Augenblick der Sammlung, bei dem fast alle Weisen die Augen schlossen, ergriff Lama Dorje das Wort. Seine Stimme klang ernst und feierlich über die Terrasse des Klosters hin: »Meine Kinder. Es ist uns gelungen, uns über sieben wesentliche Punkte zu einigen, die die Grundfesten der menschlichen Weisheit bilden. Ihr werdet an jedem der folgenden Tage Belehrungen über einen dieser Punkte erhalten. Wir werden einer nach dem anderen sprechen und uns dabei mehrmals abwechseln. Wir werden langsam sprechen und genug Raum für die Stille lassen, die so wichtig ist, damit das, was ihr gehört habt, sich eurem Geist einprägen kann. Ihr werdet eingehende Erklärungen erhalten. Manchmal werden wir euch das Wesentliche auch in einer Geschichte nahebringen oder ihr werdet nur einzelne Worte hören. Jeder von uns wird da seiner ganz persönlichen Eingebung folgen.«

»Dabei werden wir immer wieder alte Meister zitieren«, fuhr Gabrielle fort. »Doch wir wollen den universellen Charakter der Lehren bewahren, daher werden wir die Namen und die Quellen, auf die wir uns stützen, nicht nennen. Um von dem zu sprechen, was einige unter uns »Gott«, andere »den Dharma«, wieder andere »das Göttliche« oder »das Tao« beziehungsweise »das Absolute« nennen, haben wir uns auf einen Ausdruck geeinigt: die Seele der Welt oder »Weltseele«. Dieser Begriff wurde von den alten Philosophen Griechenlands ersonnen. Er bezeichnet über die Grenzen aller religiösen Dogmen hinaus eine geheimnisvolle Kraft im Universum, die inhärent gut ist und die Ordnung der Welt aufrechterhält. Ebenso verstehen wir diese Kraft. Für gläubige Menschen ist sie die Präsenz Gottes oder einer Intelligenz, die die Welt organisiert – die Vorsehung. Für die anderen eine spirituelle Energie, die für die Harmonie der Natur sorgt, ähnlich wie die Seele, die den Körper belebt.

Und noch einmal: Wir werden nur über unsere Erfahrung sprechen. Bestimmte Formulierungen werden notwendigerweise die Färbung unserer spirituellen Tradition tragen, doch wir haben uns auf einen Kern der Lehren geeinigt, den wir euch übermitteln werden. Daher hört auf das, was wir zu sagen haben, gleichermaßen mit Geist und mit Herz.«

Natina und Tenzin waren tief bewegt. Auch sie schlossen die Augen und wandten sie nach innen, ins Heiligtum ihres Herzens und ihres Geistes.

Zweiter Teil

DIE SIEBEN SCHLÜSSEL DER WEISHEIT

Der erste Tag

HAFEN UND QUELLE

Vom Sinn des Lebens

Einer der Weisen ergriff das Wort und sprach: »Oh ihr Kinder der Menschheit, hört die erste der edlen Lehren, jene über den Sinn des menschlichen Lebens.

Eine Vielzahl der Übel in der Welt rührt daher, dass viele Menschen, vor allem jene, die über Macht und Reichtümer verfügen, sich niemals die Frage nach der wahren Bedeutung ihres Daseins gestellt haben. Sie folgen ihren Trieben und ihren materiellen Bedürfnissen, als rutschten sie einen Abhang hinunter. Der Strom des Daseins reißt sie mit sich wie Holzscheite, die das Wasser hin und her wirft. Da sie keinerlei Bewusstsein ihrer Existenz haben, können sie den Kurs ihres Lebens nicht bestimmen. Letztlich treiben sogar die Toten, die man in den Fluss wirft, ihn schneller hinab als die Lebenden! Ist denn da auch nur ein Mensch, der nicht nur gemäß den unmittelbaren Bedürfnissen seines Körpers lebt, der die Fragen und Bedürfnisse seiner Seele nicht erstickt?

Weshalb sind wir auf der Welt? Hat jeder Einzelne hier vielleicht eine besondere Aufgabe zu erfüllen? Ist das, was uns widerfährt, dem Zufall geschuldet oder steht dahinter ein Sinn? Hat unser Leben ein Ziel? Sind wir nur der Spielball unserer Instinkte und unserer Erziehung oder können wir tatsächlich wahre Freiheit erlangen? Und wenn dies der Fall ist, wie können wir diese dann am besten nutzen? Auf welche Fundamente sollen wir unser Leben bauen? Und können wir echtes, wahres Glück erlangen? Womit können wir Seele und Körper gleichermaßen nähren? Wie können wir dafür sorgen, dass dieses Zwiegespann der menschlichen Existenz gut aufeinander abgestimmt bleibt? Stirbt der Geist mit dem Körper? Oder existiert er weiter in einer anderen Dimension? Wird er vielleicht sogar in einem anderen Körper wiedergeboren?

Das sind die Fragen, die sich jeder Mensch notwendigerweise stellen muss, sobald er begreift, dass er nicht wie das Tier den universellen Gesetzen von Lust und Unlust, von Anziehung und Abneigung unterworfen ist. Sobald er entdeckt, dass er einen Geist besitzt oder eine Seele – welchen Begriff man dafür auch immer verwenden mag –, der ihm erlaubt, seinen Körper, seine Gefühle, seine Neigungen zu bezähmen. Die Größe des Menschen liegt darin, dass er wie kein anderes Lebewesen vermag, sich über Sinn und Zweck seiner Existenz Gedanken zu machen und ihr eine Richtung, ein Ziel zu geben.

Denn wehe dem Menschen, der das Heiligtum des Geistes nicht kennenlernt! Wehe dem, der sich nur um seinen Erfolg und sein Überleben sorgt! Wehe dem Menschen, der sich niemals die eine Frage stellt: Wie soll ich als Mensch leben? Wie kann ich ein gutes Leben führen? Was ist wirklich wichtig und was nicht? Wie kann ich ganz ich selbst, aber trotzdem anderen nützlich sein? Wie kann ich mein Leben sinnvoll führen, sodass ich im Augenblick meines Todes in Frieden gehen kann, mit heiterem Sinn?

Denn der Mensch, der nicht weiß, dass er zwei große Gaben besitzt, wird immer unglücklich sein: Und diese Gaben sind die Klarheit des Geistes, die ihn frei macht, und die Güte des Herzens, die ihm Glück schenkt. Wehe dem Menschen, der sein Leben führt wie ein Tier, gekettet an seine Triebe und nur auf die materielle Seite des Daseins bedacht.

Wehe dem Menschen, der nicht weiß, dass er Mensch ist.«

Dann übernahm ein anderer Weiser die Rolle des Lehrenden und sagte: »Das Leben ist wie eine Reise. Wie die Vögel müssen wir eines Tages das Nest unserer Kindheit verlassen und selbst fliegen. Wir werden die Liebe entdecken und in den meisten Fällen wohl eine Familie gründen. Wir werden einen Beruf erlernen, um uns in unserer Arbeit zu verwirklichen und unsere materiellen Bedürfnisse zu befriedigen sowie die unserer Kinder. All das ist gut. Doch es genügt nicht. Denn während unserer Lebensreise werden wir auf Hindernisse stoßen. Es kann zu Krankheiten kommen oder die Liebe verlässt uns. Unsere Lieben sterben und wir können uns nie sicher sein, materiellen Schwierigkeiten immer die Stirn bieten zu können. Bestimmt werden wir entdecken, dass die Liebe nicht einfach ist. Dass es schwierig ist, eine Arbeit zu finden, die uns ausfüllt. Und dass wir voller innerer Widersprüche stecken, dass wir unter Angst und Zorn leiden, unter Frustration und Eifersucht, unter Mutlosigkeit und Niedergeschlagenheit. Wir müssen zu leben lernen im Laufe unseres Daseins. Nicht zu überleben, sondern zu leben. Aus dem Vollen zu leben, mit offenen Augen, voller

Bewusstheit und Aufmerksamkeit. Leben und die richtigen Menschen auswählen, die unseren Alltag teilen. Leben und nicht dieselben Fehler begehen wie in der Vergangenheit. Leben und ganz wir selbst sein, glücklich, soweit dies machbar ist. All das lernt man mit der Zeit und der Erfahrung. Und dabei hilft uns die Klarheit unseres Geistes, die uns auf dem Weg des Lebens führt. Denn sie hilft uns, allerlei Irrungen und Wirrungen, allerlei Dramen und Verwicklungen zu vermeiden.«

In die entstehende Stille hinein erklang die Stimme eines anderen der acht Weisen: »Ich möchte euch eine Geschichte erzählen, die Geschichte von der Frau mit dem Kind. Eines Tages geht eine Frau einen Weg entlang und trägt ihr Kind auf dem Arm. Als sie am Eingang einer Höhle vorüberkommt, erklingt plötzlich eine geheimnisvolle Stimme: ›Tritt ein und nimm alles mit, was du willst. Doch vergiss eines niemals: Wenn du die Höhle verlässt, wird deren Pforte sich für immer verschließen. Nutze die Gelegenheit, aber vergiss das Wichtigste nicht.‹ Die Frau tritt in die Höhle ein und entdeckt einen unendlich kostbaren Schatz. Schimmerndes Gold, Diamanten, Rubine … sie legt ihr Kind ab und sammelt auf, was sie nur tragen kann. Traumbilder von all dem, was diese Reichtümer ihr ermöglichen werden, steigen in ihrem Geist auf. Da erklingt erneut die geheimnisvolle Stimme: ›Die Zeit ist abgelaufen. Vergiss das Wichtigste nicht.‹ Bei diesen Worten läuft die Frau mit all ihren Schätzen aus der Höhle hinaus. Die Pforte verschließt sich hinter ihr – für immer und ewig. Sie lässt die Kostbarkeiten zu Boden fallen und dreht sich um. Erst in diesem Moment wird ihr bewusst, dass sie ihr Kind in der Höhle gelassen hat.«
Der nächste der acht Weisen ergriff das Wort: »Viele Menschen

bringen den Großteil ihrer Zeit damit zu, sich um materielle und flüchtige Dinge zu sorgen und vergessen, sich Zeit für das Wesentliche zu nehmen: Liebe, Freundschaft, schöpferisches Tun, die Betrachtung der Schönheit der Welt. Diese Menschen sind weder böse noch dumm, nur schlicht und einfach unwissend. Sie haben keine Ahnung, dass das Leben ihnen viel mehr zu bieten hat … und noch dazu kostenlos! Nur das Überflüssige ist kostspielig, alles Wesentliche aber ist ein Geschenk. Das ist wichtig zu wissen. Laufen nicht die meisten Menschen den Moden ihrer Zeit nach? Lernt, ihr Menschenkinder, euren Weg zu gehen, den, der für euch der richtige ist, den, der euch bestimmt ist und euer Herz erfreut.«

Und wieder erhob einer der Weisen in die Stille hinein die Stimme und sprach: »Unser Körper hat Hunger und Durst. Die Weltseele hat genug geschaffen, damit alle Wesen Nahrung und Wasser finden, seit Anbeginn der Zeit und bis an ihr Ende. Wenn wir teilen würden, wenn wir unseren Brüdern und Schwestern zu Hilfe kommen würden, müsste keiner je Hunger und Durst leiden.

Die Weltseele hat unserer Seele den Hunger und Durst nach Erkenntnis eingepflanzt, wir wollen den Sinn unseres Lebens erkennen. Unsere Seele hungert nach einer tiefgreifenden Berufung, diese Sehnsucht verlässt uns nie. Solange wir nicht in diesen Hafen einlaufen können, irren wir verwirrt über die Meere des Lebens wie ein Seemann ohne Kompass. Es kann einige Zeit dauern, bis wir unseren eigentlichen Platz in dieser Welt entdeckt haben, bis wir herausgefunden haben, was wir nach bestem Vermögen tun und bewirken können. Solange wir unsere Berufung nicht kennen, werden wir für immer hungrig sein.

Dieses Ziel, dieser Platz im Leben, liegt keineswegs außerhalb unserer Reichweite. Es kann unsere Arbeit sein oder die Geburt und Erziehung eines Kindes, eine künstlerische Tätigkeit, eine sportliche Leistung, ein politisches Engagement oder eine religiöse Berufung. Was es auch immer sein mag, was wirklich zählt, ist letztlich, herauszufinden, wozu wir hier sind. Was uns Freude schenkt, Begeisterung, weil wir darin unsere Begabung, unsere Leidenschaft ausleben können.«

Einer der Weisen aber sprach: »Werde, was du bist. Tu, was nur du tun kannst. Folge der Stimme deines Herzens.«

Und ein anderer fuhr fort: »Doch es ist nicht unsere einzige Aufgabe, diesen Hafen zu entdecken, der unsere Berufung ist. Denn da ist noch diese Quelle, die es als Einzige vermag, den unstillbaren Durst unserer Seele zu löschen. Wenige Menschen kennen sie. Die meisten lassen sich einfach vom Fluss davontragen, statt zur Quelle aufzusteigen.

Diese Quelle hat viele Namen. Die ›Vereinigung mit dem Göttlichen‹, die ›äußerste Freiheit‹, die ›Verwirklichung des Selbst‹, das ›Erwachen‹, das ›letztendliche Glück‹. Doch der Name ist bedeutungslos. Wichtig ist, dass wir zu dieser Quelle gelangen, um unseren brennendsten Durst zu löschen, die vollkommene innere Harmonie zu erfahren, die tiefgründige Einheit mit der Welt.«

Einer der Weisen ergriff das Wort und sagte: »Um euch auf die Suche danach zu machen, oh Menschenkinder, müsst ihr weder wissen, wo sich der Hafen befindet, noch, wo die Quelle liegt. Es genügt, dass ihr euch von ganzem Herzen wünscht, diese Ziele zu erreichen. Der Hafen und die Quelle nämlich sind verborgen wie ein Schatz. Doch sie geben uns immer wieder Hinweise, damit wir alle sie finden können. Sie schicken uns Menschen, die uns den Weg zeigen können. Sie lassen in unseren Herzen eine sehnsuchtsvolle Melodie erklingen. Eine zarte Flötenweise, die uns schon nach wenigen Tönen mit tiefer Freude erfüllt.

Ihr braucht weder Karte noch Kompass. Der Hunger und der aufrichtige Wunsch, den Hafen zu finden, wird euer Boot antreiben. Der Durst und eure Entschlossenheit, die Quelle zu entdecken, werden eure Schritte lenken. Wenn ihr auf die innigsten Wünsche eurer Seele hört, wenn ihr tatsächlich versucht, sie zu verwirklichen, wird euch die Weltseele führen. Ganz wie ein alter Meister der Weisheit einst sagte: ›Es komme, wen da dürstet. Sein Durst soll mit dem Wasser des Lebens gestillt werden. Es ist für jeden frei, und wer es trinkt, wird nie wieder Durst verspüren.‹«

Und wieder ein anderer sprach: »Die Schwierigkeit liegt darin, dass wir den Hunger und Durst der Seele immer wieder mit den Wünschen verwechseln, die unsere Sinne uns eingeben. Den Hunger nach sinnlichen Erfahrungen zu stillen bringt natürlich auch Freude, doch ist dieser Hunger zugleich gefährlich, weil er uns womöglich auf das offene Meer führt, ohne uns ein Ziel, einen Hafen, zu geben, und weil er uns zwar stromaufwärts lenkt, aber nicht zur Quelle. Wenn wir nicht achtgeben, irren wir unser Leben lang von einer sinnlichen Erfahrung zur nächsten. Wir befriedigen stets aufs Neue unsere Wünsche, ohne je wirkliche Befriedigung zu erfahren. Aus diesem Grund lehrte einer unserer Meister, man müsse ›den Durst auslöschen‹, um wahres

Glück zu erlangen. Dabei sprach er nicht vom Durst der Seele nach Weisheit, sondern von dem ewigen Verlangen, in das unsere Anhaftung an die Sinne uns stürzt, und das uns im Kerker des Begehrens und der fehlenden Befriedigung gefangen hält.«

Ein anderer Weiser sagte: »Unsere heutige Welt ist vom Wahnsinn des ›immer mehr‹ verblendet. Wir sind ständig aktiv, verzehren uns im Bestreben, noch mehr Reichtümer anzusammeln. Dabei braucht der Mensch so wenig, um glücklich zu sein. Wahres Glück rührt nicht aus Besitz, sondern aus Seelenfrieden. Hört die Geschichte vom Fischer, der sich im Schatten einer Palme ausruht. Er genießt das Glück des reinen Daseins. Da kommt ein reicher Mann des Weges und fragt ihn, warum er nicht arbeitet.

›Warum sollte ich das tun?‹, fragt der Fischer zurück.

›Um Geld zu verdienen.‹

›Und dann?‹

›Dann kannst du in ein schönes Haus ziehen.‹

›Und dann?‹

›Eine große Familie gründen.‹

›Und dann?‹

›Dein Geschäft vergrößern, damit auch deine Kinder etwas davon haben.‹

›Und dann?‹

›Dann bist du glücklich und zufrieden und kannst dich ausruhen.‹

›Genau das mache ich doch jetzt auch schon.‹«

Und wieder hub einer der Weisen zu sprechen an: »Zufriedenheit schenkt Glück, selbst in der größten Armut. Mangelnde

Zufriedenheit aber macht unglücklich, selbst im größten Reichtum. Es gibt keine schlimmere Geißel als die Gier. Wie einer der großen Weisen der Vergangenheit sagte: ›Glück heißt, das zu wünschen, was man bereits besitzt.‹«

Nun erklang von Neuem eine Stimme: »Solange ihr das Glück in äußeren Umständen sucht, in Dingen oder Menschen, ist euer Glück zerbrechlich. Das hat drei Gründe.

Zum einen ist es schwierig, alles zu erlangen, was wir uns wünschen. Natürlich können wir uns wünschen, dass unser Körper gesund bleibt, dass wir ein schönes Haus besitzen, ein glückliches Liebesleben, einen befriedigenden Beruf und in allem immer mehr Erfolg ... doch all das ist schwer zu erlangen. Wir setzen all unsere Energie darein zu erhalten, was wir uns wünschen, und oft gelingt uns dies nicht. Dann sind wir frustriert, traurig oder zornig, weil uns das Leben enttäuscht hat.

Der zweite Grund ist, dass die äußeren Dinge, nach denen wir streben, dem allgültigen Naturgesetz des Universums unterworfen sind: der Vergänglichkeit. Alles in der Welt unterliegt dem Wandel. Nichts ist stabil, dauerhaft, endgültig. Die Dinge wandeln sich, die Menschen wandeln sich, alles ist ein Werden und Vergehen. Wir pflegen unseren Körper, wir sind bei guter Gesundheit, doch wir können jederzeit einen Unfall haben oder krank werden. Wir leben mit einem Menschen, dessen Dasein in unserem Leben wir für unverzichtbar halten, doch dieser Mensch kann uns verlassen oder er kann sterben. Wir üben eine Tätigkeit aus, die wir lieben, aber es können jederzeit Umstände eintreten, auf die wir keinen Einfluss haben und die dazu führen, dass wir sie aufgeben müssen. Vielleicht besitzen wir ein tolles

Auto oder ein berühmtes Gemälde eines alten Meisters. Oder wir haben uns ein kleines Reich aufgebaut. Doch kein Reich bleibt ewig bestehen. Möglicherweise haben wir auch einen riesigen Schatz angehäuft, doch morgen können wir schon tot sein, und ins Grab lässt sich nun einmal nichts mitnehmen.

Der dritte Grund, warum in äußeren Umständen kein dauerhaftes Glück zu finden ist, ist der, dass wir nie zur Ruhe kommen, wenn wir nach materiellen Dingen streben. Der Mensch ist von Natur aus so, dass er ständig etwas anderes wünscht. Beobachtet nur einmal ein Kind beim Spielen. Es scheint vollkommen glücklich zu sein mit seinem Spielzeug. Dann aber hebt es den Blick und sieht ein anderes Kind, das mit etwas anderem spielt: Schon hat es das Interesse an den eigenen Spielsachen verloren und will die seines Kameraden. Genauso sind die Wünsche des Menschen: Er will immer das, was er nicht hat. Und was ist dann der Unterschied zwischen dem Erwachsenen und dem Kind? Sie unterscheiden sich nur in der Größe des Spielzeugs.

In der Welt des Habens kennen Wünsche keine Grenzen. Daher muss der Mensch, wenn er dauerhaftes Glück anstrebt, die Logik des Habens hinter sich lassen und zu der des Seins übergehen. Dann rührt sein Glück nicht mehr aus dem Besitz von materiellen Gütern, sondern aus seiner Lebensqualität. Denn genau das ist der Sinn des Lebens: Lernen, glücklich zu sein, jenseits von Besitz, jenseits von Menschen und Dingen, die uns angenehm sind, jenseits von allem, was uns widerfahren kann. Die Entdeckung, dass Glück und Unglück nur in uns selbst begründet liegen, nicht in Dingen oder Ereignissen.«

Einer der Weisen warf ein: »Reichtum an sich ist nicht von Übel, ganz im Gegenteil. Worauf es ankommt, das ist unsere innere

Haltung zum Geld. Ein reicher Mann kann großzügig sein und keinerlei Anhaftung an die Güter haben, die er besitzt, und umgekehrt kann ein armer Mann an dem Wenigen, was er hat, stark anhaften und ständig vom Wunsch nach mehr geplagt sein.«

Ein anderer ergriff das Wort und sprach: »Doch bedauerlicherweise sehen viele reiche Menschen die Welt nur im Licht des Geldes, das sie besitzen, und der Macht, die es ihnen verschafft. Leider macht beides sie nicht glücklicher. Einst lebten in einem Dorf ein reicher und ein armer Mann. Beide hatten sie einen Sohn. Der reiche Mann stieg mit seinem Sohn auf einen Hügel, wies mit der Hand auf das umliegende Land und sagte: ›Schau. Eines Tages wird das alles dir gehören.‹

Natürlich empfand der Sohn darüber im Augenblick große Freude, doch als die beiden den Hügel wieder hinabstiegen, schlichen sich Zweifel und Furcht in seine Gedanken. Was, wenn sein Vater sich am Ende doch noch anders entscheiden würde? Was, wenn er selbst nicht lange genug leben würde, um ihn zu beerben?

Auch der arme Mann stieg mit seinem Sohn auf diesen Hügel. Auch er wies mit der Hand auf das umgebende Land und sagte: ›Schau nur!‹

Der junge Mann aber blieb stehen, bewunderte die Schönheit der Landschaft und das Herz ging ihm auf vor Freude.«

Einer der acht Weisen bemerkte dazu: »Der tiefste und dein Leben prägende Wunsch sollte es sein, aus dir das Beste zu machen. Dich selbst zu bessern, sodass du wahren inneren Frieden erlangst ebenso wie Freude und Gelassenheit. Denn dies kann niemand – nicht einmal der Tod – dir wegnehmen. Sei der beste Mensch, der du werden kannst, und hilf anderen Menschen, indem du deinen kleinen Stein zur Errichtung des Weltgebäudes setzt. Oder wie einer der großen Weisen der Vergangenheit sagte: ›Stell dir vor, jeder deiner Tage sei dein ganzes Leben. Bemühe dich, es gut zu leben, statt möglichst lange leben zu wollen, aber ohne dich darum zu kümmern, ob du nach dem Guten strebst.‹«

***

Als die Sonne hinter den schneebedeckten Berggipfeln unterging, kehrte unter den acht Weisen Schweigen ein. Von wenigen Pausen unterbrochen, um sich zu erholen oder zu beten, hatte die Belehrung vom Morgen bis in den späten Nachmittag hinein gedauert. Zwar hätten die acht Lehrer zu diesem Thema noch viel zu sagen gehabt, doch sie spürten, dass die Kinder müde waren und nichts mehr aufnehmen konnten. Nun musste ihr Geist sich ausruhen. Tenzin war erschöpft von den langen Belehrungen, daher zog er sich in seine Zelle zurück und rezitierte mehrfach alles, was er gerade gehört hatte. Natina hingegen sehnte sich nach Bewegung. Daher verließ sie das Kloster und ging gut zwei Stunden lang spazieren. Die Lehren der Weisen hallten in ihrem Kopf wider. Wie um Himmels willen sollte sie das alles nur behalten? Irgendwann stieß sie auf Ma Ananda, die ebenfalls spazieren ging. Die Inderin streichelte Natina liebevoll die Wange und sprach ihr beruhigend zu: »Versuch erst gar nicht, dich an jedes Wort zu erinnern. Das ist unmöglich! Halte dich an die wesentlichen Ideen, an den Sinn der Belehrungen. Vor allem aber musst du deinen Geist ein wenig entspannen! Du wirst schon sehen: In einigen Wochen oder Monaten, wenn du meinst, alles vergessen zu haben, werden die Worte zurückkehren.«

Schließlich gingen alle zu Bett – bis auf einen. Einer der Weisen fand keine Ruhe. Irgendetwas hielt ihn wach, aber er vermochte nicht zu sagen, was es war.

Am nächsten Morgen erhoben sich alle von der Ruhestatt, sobald die Sonne über den Horizont kletterte. Man frühstückte gemeinsam und erklomm dann die Stufen zur Terrasse des Klosters. Dort setzten sich alle im Kreis zusammen, schlossen die Augen und genossen die Stille.

Der zweite Tag

DAS EDLE GEFÄHRT

Vom Körper und der Seele

Einer der Weisen ergriff das Wort und sprach: »Oh ihr Menschenkinder, hört die zweite edle Belehrung über die Einheit von Körper und Seele.

Die Gabe der Weltseele an uns ist ein kostbares Gefährt mit zwei Pferden und einem Kutscher. Die beiden Pferde sind der materielle Körper und der emotionale oder psychische Körper. Der Kutscher ist die Seele oder der Geist. Unser Leben lang müssen wir lernen, dieses seltsame Gefährt richtig zu lenken. Wirken diese drei Elemente harmonisch zusammen, so kommt auch unser Gefährt gut voran. Ist der Kutscher jedoch schwach oder unerfahren, sodass er die Pferde nicht zu lenken vermag, irrt die Kutsche mehr oder weniger ziellos dahin oder stürzt gar in einen Abgrund. Gehorchen die Pferde nicht, ist das Gespann schwer zu lenken und das Gefährt wird arg durchgerüttelt. Sind die Pferde müde oder schlecht genährt, so kommt die Kutsche kaum vom Fleck. Wenn wir lernen wollen zu leben, so bedeutet das, dass wir zunächst einmal lernen müssen, wie wir unseren Körper, unsere Emotionen und unseren Geist mit allem

Notwendigen versorgen können. Und wir müssen lernen, das gute Einvernehmen dieser drei Dimensionen unseres Daseins zu befördern.«

Einer der Weisen griff das Bild auf und fuhr fort: »Ihr solltet das erste Pferd, euren Körper, kennen und lieben lernen, dann wisst ihr auch, wie ihr ihn pflegen müsst. Findet durch Erfahrung heraus, wie es um seine Fähigkeiten bestellt ist und wo seine Grenzen liegen. Achtet auf genügend Bewegung und treibt Sport, um die Möglichkeiten des Körpers weiterzuentwickeln. Bemüht euch um Geschmeidigkeit – durch Yoga, Tanz, Gymnastik – ebenso wie um Vitalität durch Laufen oder Muskeltraining. Aber vermeidet die Extreme und versucht nicht, ihn über seine natürlichen Grenzen hinauszutreiben. Euer Körper braucht Ruhe. Gebt ihm jede Nacht den Schlaf, den er nötig hat. Jeder Mensch ist verschieden: Dem einen genügen sechs Stunden, um sich auszuruhen, beim anderen sind es neun. Wie viel Schlaf wir benötigen, wechselt im Laufe des Lebens. Die Nahrung, die wir zu uns nehmen, sollte nicht nur unseren Gaumen befriedigen, sondern auch unserem Körper die nötige Energie liefern. Daher muss sie ebenso ausgewogen wie vielseitig und unseren individuellen Bedürfnissen angepasst sein. Außerdem muss dein Körper atmen. Lerne, deinen Atem zu meistern. Übe dich im langsamen und bewussten Ein- und Ausatmen.

Es ist gut, seinen Körper zu lieben, ihm Aufmerksamkeit und Wohlbefinden zu schenken. Daher höre nicht auf jene, die den Körper verachten. Diese sind von zweierlei Art. Da gibt es die einen, die vor dem Körper Angst haben und ihn daher im Namen der Seele geringschätzen. Doch all ihren frommen Worten zum

Trotz sind sie taub für das Geistige, sonst würden sie eine Gabe der Weltseele nicht so gering achten. Indem sie dieses Geschenk des Lebens nicht wertschätzen und misshandeln, kehren sie sich gegen das Leben selbst. Denn ihre Seele, die allein sie für verehrungswürdig achten, wird Mühe haben, sich in einem geschwächten Körper zu entfalten. Doch es gibt auch jene Verächter des Körpers, die ihn zu ihrem Kuli machen, ihm ständig Höchstleistungen abverlangen, ihn zu gut oder zu schlecht nähren, nicht bewusst in ihm leben und ihn daher ebenso wenig schätzen. Manche Menschen leben nur im Kopf und sind von ihrem Körper vollkommen abgeschnitten. Andere finden keine Zeit für die Bedürfnisse ihres Körpers und treiben ihn ständig an, ohne ihm die nötigen Ruhepausen zu gönnen. Sie alle, aus welchen Gründen auch immer, misshandeln ihren Körper, was sie früher oder später mit Erschöpfung oder Krankheit bezahlen müssen. Damit aber berauben sie sich des tiefen Glücksgefühls, das aufsteigt, wenn wir spüren, wie die Lebensenergie im Körper fließt, von den Beinen zum Becken, weiter in den Bauch, in die Brust, in die Arme, den Nacken, den Kopf.«

Ein anderer Weiser nahm den Faden auf: »Lernt das zweite Zugtier des Gespanns kennen und lieben, damit ihr Sorge tragen könnt für euren emotionalen Körper. Dieses Pferd ist dem Auge unsichtbar, doch wir spüren, dass es da ist, denn wir haben Gefühle, wir sind empfindsam, wir kennen die unterschiedlichsten Seelenzustände. Der emotionale Körper steht zwischen dem materiellen Körper und dem Geist, daher spricht man mal vom emotionalen »Körper«, aber auch von der emotionalen »Seele«. Diese psychische Dimension unseres Daseins ist stets präsent:

Wir sind ständig mit Myriaden von Empfindungen konfrontiert, die unsere Ethik, unser Glück, unsere Beziehungen zu anderen Menschen, unsere Weltwahrnehmung beeinflussen. Es ist ganz wesentlich, dass wir unsere Psyche, unsere Emotionen kennenlernen: Warum reagiere ich so und nicht anders? Was löst in mir Freude aus, was Angst? Wann empfinde ich Zorn, Trauer, Lust, Verzweiflung? Warum habe ich immer wieder dieselben Schwierigkeiten, bin denselben störenden Emotionen, denselben sich ständig wiederholenden Mechanismen ausgeliefert? Oder umgekehrt: Was versetzt mich in gute Laune, macht mir Freude, regt mich an? Hier müssen wir uns ein wenig in der Innenschau üben, um uns selbst kennenzulernen. Das könnt ihr allein tun, doch es ist nicht schlecht, wenn ihr euch dabei eine äußere Stütze sucht, gerade wenn störende Emotionen auftreten. Wie es Ärzte für die Physis gibt, gibt es auch welche für die Psyche. Wir sollten keine Angst haben, bei jemandem Hilfe zu suchen, wenn es uns schlecht geht, wenn unsere Gefühle uns überwältigen und uns unseren Seelenfrieden rauben. Oder wenn alte Verletzungen aus der Kindheit aufbrechen und unser gegenwärtiges Leben beeinträchtigen, weil sie Emotionen oder Verhaltensweisen auslösen, die uns an unserer Entfaltung hindern. Wir sollten uns von unseren Gefühlen nicht an die Kette legen lassen. Besser wäre es, sich des zugrunde liegenden Problems bewusst zu werden und es in der Gegenwart zu lösen, mit jenen Ressourcen – auch spiritueller Natur -, die uns heute zur Verfügung stehen, vor dem Hintergrund unseres gegenwärtigen Bewusstseins also.«

Dann sprach ein Vierter: »Wir haben euch von den zwei Pferden des Gespanns erzählt, doch nun wollen wir uns dem Kutscher zuwenden, der den materiellen und den emotionalen Körper lenken muss – dem Geist oder der Seele. Ihr Menschenkinder sollt den Geist kennen und lieben lernen, damit ihr euch angemessen um ihn kümmern könnt. Er ist das kostbarste Geschenk des Lebens an euch. Denn eure Seele ist ein winziger Teil der Weltseele. Dies ist der Grund, weshalb ihr »auf einer Wellenlänge« schwingt mit allem, was es im Universum gibt. Weshalb ihr Schönheit und Harmonie in der Welt empfinden könnt. Weshalb ihr Tränen vergießt, wenn eine idyllische Landschaft euch entzückt oder ein erhabenes Kunstwerk. Sie ist der Grund, weshalb ihr die ganze Größe des Lebens verspürt, aber auch die Not der leeren Seelen. Weshalb ihr für einen Unbekannten euer Leben geben und Mitleid für einen völlig Fremden fühlen könnt. Durch sie könnt ihr die vollkommene Freiheit erlangen. Sie veranlasst euch, nach dem Hafen zu suchen, sie lässt euch eure Berufung verspüren. Sie lässt euch nach der Quelle forschen, damit ihr den brennenden Durst löschen könnt, der euer Dasein bestimmt.«

Ein anderer Weiser warf ein: »Unser Geist inkarniert sich an zwei Orten und manifestiert sich durch zwei Stimmen: die der Vernunft und jene des Herzens. Die Vernunft lässt uns nach Erkenntnis streben, nach Wahrheit und Freiheit. Das Herz aber schickt uns auf die Suche nach Liebe. Zusammen erwecken sie in uns die Sehnsucht nach Schönheit und Gerechtigkeit.«

Und wieder knüpfte ein Weiser an die Worte seines Vorredners an, indem er sie mit einer Geschichte illustrierte: »Hört diese wahre Begebenheit. Eine Gruppe von Aborigenes wandert in Begleitung eines Ethnologen durch den australischen Busch.

Der Wissenschaftler notiert jedes Detail ihres Tuns, und so bemerkt er, dass die Gruppe – Männer wie Frauen – immer wieder einmal eine Zeit lang scheinbar grundlos stehen bleibt. Die Aborigenes essen nicht, trinken nicht, setzen sich nicht, sehen nichts an, ruhen sich nicht aus. Sie bleiben einfach nur stehen. Nachdem sich dies zwei- oder dreimal so zugetragen hat, fragt der Ethnologe nach dem Grund für ihr Tun. ›Ganz einfach‹, antwortet man ihm, ›wir warten auf unsere Seelen!‹ Der Ethnologe will mehr darüber wissen. Und man erklärt ihm, dass die Seelen bisweilen zurückbleiben, um Dingen nachzuspüren oder etwas aufzunehmen, das dem Körper entgangen ist. So verharren die Seelen manchmal bis zu einer Stunde am selben Ort. Und der Körper, der weitergegangen ist, muss auf sie warten.«

Unsere Seelen haben Bedürfnisse, die dem Körper mitunter verborgen bleiben. Sie nähren sich von der Schönheit der Welt, vom Gesang eines Vogels, von einer Melodie oder einem Sonnenstrahl, der den Schnee zum Glitzern bringt. Sie nähren sich von der Erkenntnis, vom Studium, vom Wissen. Sie leben von liebevollen Beziehungen, vom Austausch und von Begegnungen ohne Hintergedanken, von der Gemeinschaft mit allen Lebewesen und vom Geschenk, das man anderen gibt: sich selbst. Mit anderen zu teilen, Gerechtigkeit, Brüderlichkeit stärken sie. Daher sollte der Mensch die beiden spirituellen Kräfte, die ihm eigen sind, kennen, nähren, nutzen und stärken: Herz und Vernunft.«

Nach einer gewissen Zeit der Stille meldete sich ein anderer zu Wort und sagte: »Wenn du nur deinen Körper nährst, lebst du wie ein Tier. Nährst du aber nur deinen Geist, dann lebst du wie ein Engel … was allerdings grausame Enttäuschungen mit sich bringen kann, denn hat nicht einer der alten Weisen gesagt: ›Wer aus dem Menschen einen Engel machen will, macht ihn am Ende zum Tier.‹ Denn es gibt nicht wenige religiöse Menschen, die die Bedürfnisse des Körpers und der Sexualität unterdrücken, die anderen Moralpredigten halten und die diesen ewigen Kampf am Ende doch verlieren und schlimmer werden wie die Tiere.«

Ein anderer Weiser nahm den Faden auf und sagte: »Ihr solltet also, oh Menschenkinder, die beiden Pferde und den Kutscher kennen- und lieben lernen, damit ihr für alle drei gleichermaßen gut sorgen könnt. Dann wird euer Gefährt auf der Straße des Lebens ohne Schwierigkeiten vorankommen. Um es jedoch wirklich zu beherrschen, müssen sowohl das Gespann als auch der Kutscher lernen, wie sie am besten zusammenwirken. Der Kutscher lenkt das Gefährt, sodass die beiden Pferde es im Einklang miteinander ziehen. Er weiß, wohin die Reise geht, gibt die Richtung vor und bestimmt die Geschwindigkeit. So muss auch der Geist die Kräfte des Körpers und der Psyche meistern. Meistern aber bedeutet nicht, dass er sie kontrolliert oder gar tyrannisiert. Der Geist lenkt den Körper und die Emotionen, indem er sie respektiert und von ihnen lernt. Denn die Pferde kennen den Weg nicht. Sie reagieren nur auf ihre unmittelbaren Eindrücke. Der Geist aber gibt dem Leben Richtung und Sinn. Er öffnet sich für die Stimme der Vernunft und des Herzens und legt den richtigen Weg fest, der zum Ziel führt. Er bringt die Wertmaßstäbe in die rechte Ordnung, sodass er an jeder Kreuzung des Lebensweges eine gute Entscheidung treffen kann.«

Ein anderer Weiser merkte an: »Es gibt eine großartige Übung, die uns hilft, Gespann und Kutscher kennen- und meistern zu lernen: die Meditation. Die Meditation eint Körper, Psyche und Geist. Sie ist im materiellen Körper verankert: Der Meditierende sitzt so, dass sein Rücken gerade bleibt. Er lenkt die Aufmerksamkeit auf den Atem, den er frei fließen lässt, sodass er sich immer mehr vertieft. Dann geht er aufmerksam jeden Teil seines Körpers durch. Er nimmt die verschiedenen körperlichen Empfindungen wahr, die aufsteigenden Emotionen, die Gedanken. Er folgt ihnen nicht, lässt sich auch nicht auf einen Dialog ein, sondern beobachtet sie nur und lässt sie vorüberziehen. Wenn er sich darin lange genug übt, wird er hinter all den Gedanken und Emotionen die Tiefe seines Geistes kennenlernen. Er entdeckt, dass er einen Raum in sich hat, der fern vom Aufruhr der Emotionen ist, eine Stille, die hinter dem Lärm der Gedanken liegt, eine Freude und einen tiefen Frieden, die ihm immer offenstehen. Die tägliche Übung der Meditation (und seien es am Anfang nur zehn Minuten) stärkt unseren Geist und eint Körper und Seele. Beim ersten Mal scheint es noch schwierig: Alles tut weh, und wir haben das Gefühl, als reiße der Strom der Gedanken niemals ab. Doch allmählich entspannt sich unser Körper, die Atmung wird tiefer und der Geist immer ruhiger und stiller. Wir können die Erfahrung des inneren Raumes trainieren wie einen Muskel. Dann wird er unempfindlich gegen jede Art von Angriff: Gedanken, Emotionen, verletzende Worte, Psychoterror, negative Energien – alles prallt von ihm ab und wird zurückgeschickt.«

Zum Abschluss fügte einer der Weisen noch hinzu: »Zu viele Menschen leben im Bann ihrer Instinkte, ihrer Emotionen, unter dem festen Griff von Traditionen und Gewohnheiten. Nur selten treffen sie wirklich eine Wahl. Nur selten wird ihre Vernunft von der Freude der Erkenntnis belebt. Nur selten ergreift ihr Herz die ungeheure Freude des Gebens. Sie kennen die kleinen Freuden, aber nicht die tiefe und erschütternde Freude. Sie leben mit ihrer sicheren Liebe, ohne sich das Herz von der großen Liebe zerreißen zu lassen, die uns über die irdische Dimension hinaushebt. Sie essen, wenn sie Hunger haben, doch sie kennen nicht den tiefen Hunger nach Wahrheit und Schönheit. Sie haben einen Beruf erlernt und verdienen ihren Lebensunterhalt, doch sie kennen nicht das Vergnügen des vollkommenen Eintauchens in eine Tätigkeit, in der wir uns selbst vergessen. Und wenn sie sterben, fragen sie sich: ›Wozu soll das Leben gut sein? Das Dasein hat doch gar keinen Sinn! Wo ist das Glück, nach dem ich manchmal gestrebt habe? Wo ist die Liebe, die ich mir gewünscht habe? Wo ist die Wahrheit, von der ich so viel gehört habe? Wo ist das Leben geblieben, das ich mir als Kind erträumt habe?‹ Dann werden sie Folgendes zu hören bekommen: ›Man hat dir einen Geist geschenkt, der deinem Leben einen Sinn hätte verleihen können, der dich zu wahrer Liebe und wahrem Glück hätte führen können, der dich zur Wahrheit ermuntern hätte können und dazu, deine Träume zu leben … doch du hast diesen Geist einfach nicht zur Kenntnis genommen.‹«

***

Die Nacht war schon weit fortgeschritten. Stille herrschte im Kloster. Einer der Weisen aber fand immer noch keinen Schlaf. Er begab sich hinaus auf die Terrasse. Zwei Nächte schon wollte der Schlaf sich nicht einstellen. Vergeblich versuchte der Mann, das lähmende Unbehagen zu überwinden, das seine Seele bedrängte. Endlich verstand er, dass dieses Unbehagen seinen Ursprung in dem Unterfangen hatte, dem er sich angeschlossen hatte. Anfangs war er noch begeistert gewesen von der Idee, eine universelle Wahrheit zu finden, die man die jungen Leute lehren konnte, nun aber, wo dies tatsächlich geschah, regte sich in ihm eine Stimme, die ständig flüsterte: »Was du tust, ist gefährlich. Glaubst du wirklich, dass alle spirituellen Traditionen der Welt einander ebenbürtig sind? So wenig schätzt du die Religion, die du von deinen Vätern ererbt hast, die Religion, die Gott selbst ihnen offenbart hat? Du gibst die Prinzipien einer angeblich universellen Weisheit weiter, doch du scheinst die große Bedeutung der Riten und Gebräuche zu vergessen, die getreulich über die Generationen hinweg vererbt wurden und die so wichtig für das Heil sind.«

Die Stimme verstörte den Weisen zutiefst. Es gelang ihm nicht, sie zum Schweigen zu bringen. Und so wandte er sich dem Gebet zu, damit seine Seele Frieden fand.

Zur selben Zeit flammte das Licht im Zimmer von Gabrielle auf. Auch die Philosophin war noch wach, aber aus einem ganz anderen Grund: Sie empfand ein so großes Glück im Herzen, dass sie keinen Schlaf fand. Leise seufzte sie. Natina stand auf und ging zu ihrer Mutter hinüber: »Was ist denn los, Mama?«

»Mach dir keine Sorgen, Liebes. Das sind Tränen der Freude, nicht des Leids.« Gabrielle nahm ihre Tochter in den Arm. »Die Menschen haben sich jahrhundertelang um ihres Glaubens willen gegenseitig zerfleischt … Was hier geschieht, ist so außerordentlich, dass ich es kaum fassen kann.«

»Aber Mama, es ist doch nicht das erste Mal, dass sich weise Menschen versammeln, um miteinander zu reden und zu beten.«

»Das ist schon richtig, doch normalerweise gehen sie danach einfach wieder auseinander, und jeder bunkert sich noch mehr als zuvor in den vorgeblichen Gewissheiten seiner Religion ein. In der Öffentlichkeit werden Umarmungen und nette Worte ausgetauscht, was natürlich besser ist, als sich gegenseitig niederzumetzeln, doch in der Tiefe seines Herzens glaubt am Ende doch jeder, dass er recht hat und der andere unrecht. Hier aber geschieht etwas ganz anderes. Auch wenn das, was wir weitergeben, die Färbung unserer Tradition trägt, so stehen wir doch alle hinter dem Inhalt unserer Lehren, denn er ist es, der uns leben lässt. Wir haben entdeckt, dass unsere spirituellen Erfahrungen trotz allem, was uns trennt, denselben Gesetzen gehorchen, denen des inneren Seins. Das ist wunderbar! Das heißt, dass die menschliche Natur überall gleich ist, dass sie dieselben Bestrebungen hat, dieselben Befürchtungen, dieselben Herzenswünsche, dieselben Egoismen. Was die Seelen eint, ist soviel mehr als das, was sie trennt. Denn das Trennende geht letztlich nur auf die Kultur zurück, die uns geprägt hat.«

»Ja, genau. Das merke ich auch. Über das Internet habe ich Freunde in der ganzen Welt gefunden, da ist es gar nicht wichtig, welcher Religion oder welchem Geschlecht man angehört und welche Muttersprache man hat. Wir schreiben von den Dingen, die uns alle betreffen: Liebe, Freundschaft, Schule, Studium, geistige und andere Interessen. Und wir träumen alle von einer besseren Welt, einer besseren Zukunft, auch wenn wir kaum noch daran zu glauben wagen.«

»Die Generation der Globalisierung, der du angehörst, wird

sich vermutlich nicht aufreiben in dem Versuch zu beweisen, dass die Wahrheit so und nicht anders auszusehen hat. Ganz im Gegensatz zu den Generationen vor euch. Aber wie du sagst: Ihr habt natürlich viel mit Entmutigung und Verzweiflung zu kämpfen.«

Gabrielle fasste ihre Tochter an den Schultern und sah ihr tief in die Augen: »Du musst dir klarmachen, dass die Welt sich ändern kann. Und sie wird sich ändern, weil jeder von uns sich weiterentwickelt. Aus ebendiesem Grund hat uns die Weltseele hier zusammengebracht. ›Seid der Wandel, den ihr euch für die Welt wünscht‹, hat Gandhi gesagt. Du wirst noch sehen, mein Liebes, dass du zur Umwandlung und Heilung der Welt deinen Teil beitragen kannst.«

Der dritte Tag

GEH AUF DICH SELBST ZU!

Von der wahren Freiheit

Als am nächsten Morgen der Gesang eines Vogels die Stille der Welt zerriss, ergriff einer der Weisen das Wort und sprach: »Hört, ihr Menschenkinder, die dritte edle Belehrung über die Selbsterkenntnis und die Freiheit. Jeder Mensch strebt nach Freiheit, und dies ist ein großes, ein schönes Unterfangen, denn was kann uns das Leben eines Sklaven oder eines Gefangenen schon geben? Die Formen der Sklaverei und der Gefangenschaft sind vielfältig. Die subtilste und gefährlichste, die gleichwohl nur wenige Menschen zu erkennen vermögen, ist zweifellos, wenn ein Mensch Gefangener seiner selbst ist. Denn ist ein Mensch frei, der nervös ist, reizbar und bedrückt, nur weil er sich keine Zigarette anzünden kann? Ist ein Mensch frei, der wie unter Zwang all seinen sexuellen Impulsen nachgibt? Ist ein Mensch frei, der im Spiel all sein Hab und Gut verliert? Ist ein Mensch frei, der Tag für Tag stundenlang vor seinem Computer sitzt, ohne sich davon lösen zu können? Ist ein Mensch frei, der sich von der Eifersucht dazu hinreißen lässt, seine Frau zu verprügeln? Ist ein Mensch frei, dem es Angst macht, vor Publikum zu sprechen, in engen Räumen zu bleiben oder eine Spinne zu sehen?

Wir alle sind mehr oder weniger Gefangene unserer Ängste, unserer Triebe, unseres Charakters, unserer Gewohnheiten, unserer Emotionen. Sie bestimmen über den Großteil unseres Handelns, unserer Entscheidungen. Wir sind Sklaven unser selbst, daher sind wir auch die Einzigen, die uns aus diesem inneren Gefängnis befreien können.«

Ein anderer Weiser nahm den Faden auf und sagte: »Der erste Schritt zur Befreiung ist Selbsterkenntnis. Wenn wir den Blick nach innen richten, wenn wir unser Verhalten genau beobachten, unsere Reaktionen und Stimmungen, lernen wir uns Zug um Zug besser kennen. Dann erst verstehen wir die tieferen Gründe unseres Handelns. Wollen wir jedoch an uns selbst arbeiten, unsere Reaktionen ändern, unsere spontanen Reflexe oder schlechten Gewohnheiten, dann kann dies nur mit Willenskraft und Einsatz geschehen. Dies ist der Preis, den wir für unsere innere Freiheit zahlen müssen. Denn ein Mensch, der sich selbst nicht kennt, ist wie ein Blinder. Er läuft ständig Gefahr, anzustoßen oder sich zu verirren. Daher fängt die Weisheit dort an, wo wir den Blick auf uns selbst richten, und erkennen, wer wir sind, was uns bewegt, welche Bedürfnisse wir haben, wovon wir uns angezogen oder abgestoßen fühlen, welche Gewohnheiten wir haben, welche Süchte und Emotionen und was hinter ihnen steht. Oder wie einer der Meister der Vergangenheit einst sagte: ›Frei wird man nicht geboren, die Freiheit muss man sich erarbeiten.‹«

In die entstehende Stille hinein sprach ein anderer: »Ein alter Mann, der sich nur schlecht und recht seinen Lebensunterhalt zusammenbettelte, schleppte sich mühsam über die Straße. Niemand achtete auf ihn. Ein Vorübergehender aber meinte verächtlich: ›Was willst du hier? Du siehst doch, dass dich hier niemand kennt.‹

Der arme Mann aber sah den Passanten ruhig an und antwortete: ›Was macht das schon? Ich kenne mich selbst, und das genügt mir. Das Gegenteil wäre schrecklich: ›Dass alle Menschen mich kennen, ich mich selbst aber nicht.‹«

Und wieder erhob einer der Weisen die Stimme und fuhr fort: »Sich selbst zu kennen ist die unabdingbare Voraussetzung, um sich selbst zu zügeln. Denn was hat der Mensch davon, wenn er die Welt beherrscht, aber nicht Herr seiner selbst ist? Selbstbeherrschung aber erfordert sowohl Erkenntnis als auch Willenskraft. Sobald das innere Hindernis ausgemacht ist, braucht es einen Akt des bewussten Durchbrechens solcher Muster. Nehmen wir mal an, ein Mann hat Angst vor der Dunkelheit. Er ist dahintergekommen, dass diese Angst aus seinen Kindheitserfahrungen rührt, als man ihn allein in einem dunklen Zimmer zurückließ und seine Eltern außer Hörweite waren. Natürlich wird es ihm helfen, wenn er weiß, woher sein Problem kommt, doch die Heilung kann erst erfolgen, wenn er sich bemüht, seine Ängste zu überwinden. Und so kann er anfangs nur einen ganz kurzen Moment im Dunkeln bleiben und sich bewusst machen, dass er heute keinerlei Gefahr ausgesetzt ist. Dann bleibt er jedes Mal ein paar Minuten länger im Dunkeln, bis seine alten Ängste ihm so unbegreiflich erscheinen, dass er darüber lachen kann. Dann ist er frei davon. Auf diese Weise muss man einen positiven Akt nach dem anderen setzen, bis man sich endlich selbst transformiert hat. Ein ängstlicher Mensch setzt einen Moment des Mutes an den anderen, bis er am Ende mutig wird. Ein Mensch, der seine sexuellen oder andere leibliche Gelüste nicht meistern kann, wird kleine Akte der Enthaltsamkeit einüben, bis Mäßigung ihm schließlich zur Gewohnheit wird. Ein impulsiver Mensch lernt nach und nach, sich zu beherrschen, bis er am Ende bedachtsam geworden ist. Dazu können auch bestimmte therapeutische Formen beitragen wie zum Beispiel Verhaltenstherapien oder Selbsthilfegruppen. Sie helfen, schädliche Verhaltensweisen abzulegen. Heute stehen dem Einzelnen viele Möglichkeiten offen. Wichtig ist letztlich nur, dass jemand sich wirklich ändern will. Denn manche Menschen haben sich in ihrem inneren Gefängnis recht behaglich eingerichtet. Sie haben Angst vor der Freiheit und bemühen sich gar nicht erst, sich zu verändern. Sie haben sich an dieses Leben hinter Gittern gewöhnt, die Welt da draußen macht ihnen Angst. Auch Sklaven kehren mitunter in ihre alten Abhängigkeiten zurück, nachdem sie befreit wurden. Und es kommt vor, dass ehemalige Häftlinge alles tun, um wieder ins Gefängnis zu kommen. Es gibt genug Menschen, die nicht frei werden wollen. Der Panzer aus ihren Ängsten und schlechten Gewohnheiten gibt ihnen ein Gefühl der Sicherheit. Gegen diese freiwillige Sklaverei lässt sich nichts ausrichten. Man kann nur hoffen, dass diesen Menschen das Leben eines Tages unerträglich wird und sie doch noch beschließen, ihre Ketten abzuwerfen.«

Ein anderer fuhr fort: »Innere Sklaverei rührt nicht nur aus Trieben und Emotionen, sondern auch aus der Anhaftung, die wir den Objekten in unserer Umgebung entgegenbringen. Vor allem die Abhängigkeit von materiellen Dingen ist in unserer Zeit weit verbreitet. Nicht nur, dass wir immer mehr und immer Besseres haben wollen, wir schaffen es schon gar nicht mehr, ohne Dinge auszukommen, die es vor nicht allzu langer Zeit noch gar nicht gab. Die Menschen kamen jahrhundertelang ohne Auto und ohne Handy bestens zurecht. Sie hatten keinen Strom, kein Internet und kein Fernsehen. Stellen wir uns aber nun vor, jemand würde sich heute irgendwo ansiedeln, wo es all das nicht gibt. Man würde ihn für verrückt halten. Niemand würde es ihm nachtun wollen, da wir an den modernen Komfort gewöhnt sind. All die Dinge, die uns umgeben, scheinen uns unverzichtbar, für unser seelisches Gleichgewicht wie für unser Überleben. Dabei wäre es von größtem Nutzen, wenn wir lernen würden, uns davon frei zu machen. Diese Dinge zwar zu nutzen, doch ohne in Abhängigkeit von ihnen zu verfallen, und uns ihrer bewusst auch mal zu enthalten.

Ihr könnt diese Dinge besitzen, aber hütet euch, davon besessen zu sein. Nutzt materielle Güter, lasst euch aber nicht von ihnen versklaven. Dies ist ein wichtiger Schritt zur wahren Freiheit.«

Und wieder hub ein anderer zu sprechen an: »Frei sein heißt auch, sich nicht nach der Meinung der anderen auszurichten. Und doch wird unser Tun und Lassen häufig von dem Wunsch bestimmt, zu gefallen oder zumindest keinen Anstoß zu erregen. Wir richten uns nach dem allgemein Üblichen oder rebellieren dagegen, versuchen entweder, Aufmerksamkeit zu erregen oder – im Gegenteil – unbemerkt zu bleiben. Dies macht uns zu Sklaven des Blicks der anderen. Doch Weisheit besteht auch darin, sich von deren Meinung loszumachen, die wir häufig so sehr verinnerlicht haben, dass wir es nicht einmal mehr merken.

Dazu möchte ich euch folgende Geschichte erzählen. Eines Tages fragt ein Kind seinen Vater, was denn das Geheimnis des Glücks sei. Der Vater meint nur, der Sohn solle ihm folgen. Und so machen sie sich auf den Weg, der Vater auf dem alten Esel, der Sohn zu Fuß. Schon fangen die Leute im Dorf an, sich das Maul zu zerreißen: ›Was für ein schlechter Vater, der seinen Sohn dazu zwingt, ihm zu Fuß zu folgen!‹

›Hast du das gehört, mein Sohn? Es ist besser, wir kehren für heute nach Hause zurück.‹

Am nächsten Tag setzt der Vater seinen Sohn auf den Esel und geht selbst neben den beiden her. Doch wieder erheben sich Stimmen im Dorf: ›Was für ein unwürdiger Sohn. Lässt seinen alten Vater zu Fuß gehen!‹

›Hast du das gehört, mein Sohn? Es ist besser, wir kehren für heute nach Hause zurück.‹

Am nächsten Tag lassen beide sich vom Esel tragen. Da zischeln die Dorfbewohner: ›Die haben doch wirklich überhaupt kein Herz. Das arme Tier!‹

›Hast du das gehört, mein Sohn? Es ist besser, wir gehen wieder nach Hause.‹

Tags darauf ziehen sie wieder los. Die beiden schultern ihre Sachen und führen den Esel hinter sich her. Da heißt es im Dorf: ›Jetzt tragen sie schon selbst ihr Gepäck! Das ist ja eine verkehrte Welt!‹

›Hast du das gehört, mein Sohn?‹, fragt der Vater. ›Am besten gehen wir wieder nach Hause.‹

Zu Hause angekommen sagt der Vater zum Sohn: ›Mein Kind, du hast nach dem Geheimnis des Glücks gefragt. Nun, es ist ganz einfach. Was auch immer du machst, irgendjemand wird etwas Arges daran finden. Tu also, was dir Freude macht und was du für richtig hältst. Dann wirst du auch glücklich sein!‹«

Ein anderer der acht Weisen führte aus: »Wir alle wünschen uns Anerkennung. Und wir ertragen es nicht, wenn man uns kritisiert oder beleidigt. Das eine zu wollen und das andere abzulehnen, beherrscht unser Seelenleben. Stets heischen wir nach Zustimmung, Komplimenten, Auszeichnungen und Ehrbezeugungen. Wir streben nach Ansehen und bemühen uns um einen guten Ruf. Andererseits bringt uns schon ein wenig Kritik aus der Fassung. Wir sind Vorwürfen gegenüber ebenso dünnhäutig wie gegenüber Beleidigungen, auch wenn sie von völlig Unbekannten kommen. Selbst ein noch so kleines Versagen, das unserem Ruf schadet und unserem Renommee, nehmen wir äußerst tragisch. Für ein Kind ist solch ein Verhalten normal. Ein Kind muss getröstet, ermutigt und für seine Anstrengungen belohnt werden. Und es ist normal, dass es auf Vorwürfe, die sein Ego verletzen, negativ reagiert. Doch was für das Kind richtig sein mag, ist für den Erwachsenen nicht angemessen. Natürlich sollten wir die Meinung unserer Mitmenschen nicht gänzlich außer Acht lassen, doch ein Erwachsener sollte genug Selbstvertrauen haben, um sich nicht ständig über Zustimmung oder Ablehnung seitens seiner Umwelt Gedanken zu machen. Leider hatten viele Menschen keine Möglichkeit, diese innere Sicherheit zu entwickeln. Sie leben wie die Kinder. Aber Selbstvertrauen und eine gesunde Eigenliebe sind nötig, wenn wir wachsen wollen, wenn wir frei und glücklich sein wollen.«

Einer der Weisen erzählte eine Geschichte: »Zu einem alten Gelehrten kommt eines Tages ein Mann und fragt ihn, was er denn anstellen müsse, um ganz frei zu werden. ›Geh auf den Friedhof‹, rät ihm der Alte, ›und beleidige dort die Toten.‹ Der Mann begibt sich tatsächlich auf den Friedhof, beleidigt dort die Toten und spuckt auf ihre Gräber. Dann kehrt er zu dem weisen Mann zurück und berichtet. Dieser sieht ihn an und fragt: ›Und? Was haben die Toten gesagt?‹

›Nichts.‹

›Dann geh zurück und lobe sie in den höchsten Tönen.‹

Der Mann tut wie geheißen, dann kehrt er wieder zu dem alten Weisen zurück. Dieser fragt ihn: ›Nun, was haben die Toten gesagt?‹

›Nichts.‹

›Dann habe ich jetzt einen guten Rat für dich: Wenn du frei sein willst, so verhalte dich Lob oder Tadel gegenüber wie ein Toter.‹«

Wieder ergriff ein anderer das Wort und sagte: »Wir müssen lernen, uns nicht nur von Begrenzungen unseres Körpers und unserer Seele zu befreien, sondern auch von den sozialen und familiären Konditionierungen, die wir sozusagen ererbt haben. Das mag euch schockierend erscheinen, ihr Menschenkinder, denn sicher habt ihr gelernt, die Werte und das Wissen, was euch Eltern, Verwandte und die Gesellschaft übermittelt haben, wertzuschätzen. Und ihr tut gut daran. Doch bald werdet ihr in das Alter kommen, in dem ihr wie jeder Erwachsene das, was ihr gelernt habt, unter das Brennglas der Vernunft und der Erfahrung legen müsst, um zu untersuchen, ob es auch wahr ist. Dies gilt umso mehr, wenn ihr euch auf die Suche nach Weisheit macht, denn jede Familie, jede soziale Gruppe gibt ihre jeweiligen Werte und Glaubenssätze weiter – doch es ist keineswegs gesagt, dass diese frei von Vorurteilen sind oder nicht auf teilweise falschen Grundannahmen aufsetzen. Einige dieser Werte und Glaubenssätze erweisen sich bei Überprüfung als falsch, andere als unbrauchbar für die Gegenwart, wieder andere sind von begrenzter Tragweite. Und manche sind einfach nur nicht angemessen für bestimmte Menschen oder Situationen.

Um wirklich frei zu sein und ganz man selbst zu werden, muss der Mensch die Wahrheit suchen, ohne Vorurteile und Scheuklappen. Das heißt, dass er auch das auf den Prüfstand stellen muss, was Familie und Kultur an ihn weitergegeben haben. Zu diesem Erbe gehört auch die Religion. Denn welchen Sinn soll es haben, einer Religion anzuhängen, der man nicht aus ganzem Herzen und mit all seinem Verstand folgen kann? Daher muss der Mensch alle Dogmen überprüfen, jede Glaubens- und Moralvorstellung, die er von seinen Vorfahren übernommen hat – um sie sich dann wieder anzueignen. Dann aber, weil er sich persönlich, frei und bewusst dafür entschieden hat. Bettet euch nicht auf ererbten Gewissheiten zur Ruhe, sondern strebt stets nach der Wahrheit, denn wie einer der alten Weisen der Vergangenheit sagt: ›Wahrheit macht frei.‹«

Ein anderer der acht Weisen warf ein: »Lernt, ihr Menschenkinder, wie ihr von der Unwissenheit zur Weisheit voranschreiten könnt. Denn die Unwissenheit ist Wurzel beinahe aller Übel. Entwickelt eure Vernunft, erwerbt Kenntnisse, denn nur so lernt ihr, klug zu urteilen. Ihr werdet euer Leben lang zwischen wahr und falsch, gerecht und ungerecht, gut und schädlich, nützlich und unnütz, notwendig und überflüssig zu unterscheiden haben. Kennt ihr aber euch selbst ebenso wie die Welt, dann seid ihr frei und könnt die richtigen Entscheidungen für ein gutes Leben treffen. Vergesst nicht, dass dabei die Selbsterkenntnis am wichtigsten ist. Aus diesem Grund hat einer der alten Weisen gesagt: ›Erkenne dich selbst, und du wirst das Universum und die Götter kennen.‹«

Einer der versammelten Weisen aber fuhr fort mit folgender Geschichte: »Ein alter Mann sitzt am Stadttor, als ein Fremder auf ihn zukommt und ihn anredet: ›Ich war noch nie in dieser Stadt. Wie sind die Leute hier denn so?‹

Der alte Mann antwortet mit einer Gegenfrage: ›Wie waren denn die Leute in der Stadt, aus der du kommst?‹

›Lauter Egoisten und Bösewichte. Aus diesem Grund bin ich von dort weggegangen‹, antwortet der Mann.

Da sagt der alte Mann zu ihm: ›Du wirst dieselben Leute hier finden.‹

Ein wenig später kommt ein weiterer Fremdling und fragt den alten Mann: ›Ich bin gerade erst hier angekommen, wie sind die Leute hier denn so?‹

Und wieder fragt der alte Mann zurück: ›Sag mir, mein Freund, wie waren denn die Leute in der Stadt, aus der du kommst?‹

›Ach, die waren wirklich nett und sehr hilfsbereit. Ich hatte viele Freunde dort. Es ist mir schwergefallen, sie zu verlassen.‹

›Siehst du, dieselben Menschen wirst du hier finden‹, antwortet der alte Mann.

Wie aber kann der alte Mann auf dieselbe Frage zwei vollkommen verschiedene Antworten geben? Weil jeder seine Welt im Herzen mit sich trägt. Zwei Brüder, zwei Freunde, zwei Eheleute werden die Welt nie auf dieselbe Weise sehen, selbst wenn ihr Alltag vollkommen gleich ist.«

Und schließlich beschloss einer der Weisen den Tag mit den Worten: »Der Blick, den wir auf die Welt richten, enthüllt uns nicht die Welt selbst, sondern nur das, was wir durch die Linse unserer Empfindungen, unserer Emotionen, unseres Geistes, unserer Kultur als Welt wahrnehmen. Wenn die Welt euch traurig und feindlich erscheint, müsst ihr nur euren Blick verändern, schon wird sie anders auf euch wirken. Daher müssen wir an uns selbst arbeiten, auf psychischer und spiritueller Ebene, wenn wir unsere Sicht der Dinge wirklich und wahrhaft verändern wollen.«

***

Als die Sonne hinter dem Kranz der verschneiten Gipfel unterging, blieben die Weisen still sitzen. Dann zog sich jeder zurück, um seinen persönlichen Verrichtungen nachzugehen, ehe zum Abendessen geläutet wurde. Meister Kong nahm sein Satellitentelefon und suchte Scheich Jussuf auf, der sich in seiner Zelle ausruhte: »Ihre Frau, die Sie vor ein paar Tagen angerufen haben, hat mehrfach versucht, Sie zu erreichen. Ich denke, Sie sollten zurückrufen.« Der alte Chinese überreichte dem

Meister aus Nigeria sein Telefon, dann ging er in den Speisesaal zur gemeinsamen Mahlzeit. Etwa zehn Minuten später kam der Sufi nach. Er wankte beim Gehen wie ein Boxer, der einen harten Schlag erhalten hat, und sagte: »Meine kleine Tochter liegt im Sterben.« Dann sank er zu Boden. Ein heftiges Schluchzen schüttelte ihn. Zwischen den Klagelauten rief er Allah an: »Mein Herr und Gott, der Du der Schöpfer des Lebens bist. Du hast beschlossen, meine kleine Leila zu Dir zu nehmen. Ich weiß, dass Du Dich der Seele meines Kindes annehmen wirst, doch bitte ich Dich um Kraft, damit ich und meine Frau die Trennung von ihr überstehen!« Dann fing er heftig an zu weinen. Als die anderen diesen Hünen so tief erschüttert sahen, wurden sie von Mitleid ergriffen. Ma Ananda erhob sich und nahm ihn in die Arme. Sie wiegte ihn wie eine Mutter ihr Kind und strich ihm sachte über das Haupt. Als das Schluchzen des Scheichs nachließ, fragte Rabbi Schlomo ihn, was seinem Kind denn fehle. »Sie ist erst zwei Monate alt und hat hohes Fieber. Kein Mittel schlägt an. Sie liegt schon im Koma. Der Arzt hat gesagt, sie hat nur noch wenige Stunden zu leben. Ich werde ihre süße kleine Stimme nie wieder hören.« Daraufhin erhob sich Ansya, die Schamanin, und verließ den Raum. Bald kehrte sie zurück – mit einer Trommel in der Hand, die sie zu schlagen begann. Zu den dunklen Tönen begann sie zu tanzen. Ihr Blick wurde starr. Sie ging auf den großen Mann zu, der immer noch auf dem Boden saß, umschlungen von Ma Ananda. Ansya ergriff Scheich Jussufs Hände. Eine enorme Kraft durchströmte den Sufi, als ginge ein Stromstoß mitten durch seine Seele. Die Schamanin fing an zu sprechen, doch ihre Stimme klang fremd. Sie war viel tiefer und machtvoller. Ansya redete in ihrer Muttersprache. Sie schien mit unsichtbaren Geistern zu sprechen. Dann trat sie in die Mitte des Raumes und fing von Neuem zu tanzen an. Der Klang der Trommel wurde immer wilder. Sie hob die Arme und schien etwas zu verscheuchen. In diesem Zustand blieb sie etwa eine Stunde. Alle Anwesenden hingen an ihren Lippen, gebannt von ihrem seltsamen Auftritt. Niemand merkte, wie die Zeit verging. Dann schrie Ansya auf, so herzzerreißend, dass die Weisen zutiefst erschraken. Sie hielt inne und rührte sich nicht. Ein paar Minuten später sank sie wie leblos zu Boden. Gabrielle und Padre Pedro stürzten auf sie zu, doch die Schamanin war schon wieder zu sich gekommen. »Alles ist gut«, sagte sie in sanftem Tonfall, der dem, den sie noch vor einigen Minuten angeschlagen hatte, nicht im Geringsten ähnelte. »Das Übel hat den Körper deines Töchterchens verlassen. Ich muss mich nur ein bisschen ausruhen.« Sie verließ den Raum, um auf ihr Zimmer zu gehen. Die anderen Weisen blieben starr vor Staunen zurück.

Plötzlich läutete Meister Kongs Telefon. Es war Scheich Jussufs Frau. Sie berichtete ihrem Mann, dass die kleine Leila aus dem Koma erwacht sei. Das Fieber sei vollkommen verschwunden. Der Sufi warf sich mit dem Gesicht zur Erde und dankte dem Himmel unter heißen Tränen. Natina aber flüsterte ihrer Mutter zu: »Er sollte sich lieber bei Ansya bedanken.« Gabrielle antwortete: »Es ist vollkommen gleichgültig, wem er dankt. Die Schamanin hat sich mit der Weltseele verbunden, und diese hat das Kind geheilt. Für unseren Freund ist die Weltseele die Manifestation Gottes im Universum. Ob er nun Gott dankt, der geheimnisvollen Kraft, die den Kosmos bewegt, oder der Schamanin, ist ein und dasselbe. Freuen wir uns einfach, dass Leila am Leben ist!«

Dieses Ereignis hatte alle Anwesenden tief bewegt. Sie begaben sich zurück auf ihre Zimmer und versuchten zu schlafen. Am nächsten Tag versammelten sie sich von Neuem, heiter und gelassen. Die allgemeine Fröhlichkeit verstärkte sich noch, als Meister Kong einen zweiten Anruf aus Afrika entgegennahm, der bestätigte, dass das kleine Mädchen vollkommen gesundet war. Scheich Jussuf umarmte Ansya lange und voller Wärme. Das Ritual des Vorabends schien sie kein bisschen geschwächt zu haben. Dann nahmen die acht Weisen wieder ihren Platz auf der Terrasse ein. Die Stille, die den vierten Tag der Lehren begrüßte, duftete freudvoll und süß.

Der vierte Tag

ÖFFNE DEIN HERZ

Von der Liebe

Ein Weiser ergriff das Wort und sprach: »Hört, ihr Menschenkinder, die vierte edle Belehrung über die Liebe. Die Liebe ist eine machtvolle Energie, die stärkste überhaupt. Sie schließt das ganze Universum ein. Die Liebe ist Ausfluss der Weltseele. Sie hält alle Teile des Ganzen zusammen. Die Liebe ermöglicht uns, über uns selbst hinauszuwachsen und unseren Egoismus hinter uns zu lassen. Erst durch sie können wir mit anderen in Verbindung treten. Die Liebe kennt zahllose Formen. Doch auch wenn sie uns in vielerlei Gestalt entgegentritt, so singt sie doch stets dieselbe Weise: die der Verbundenheit und des Gebens.«

Ein anderer warf ein: »Der Mensch neigt dazu, seine eigenen Interessen über alles andere zu stellen. Die Liebe fühlt er wie den Durst, wie eine innere Berufung, doch das Ego kann sie mit seinen Forderungen überwuchern. Das Ego will dominieren, will einnehmen. Die Liebe aber lehrt den Menschen, dass Geben seliger denn Nehmen ist.«

Und wieder nahm einer der Weisen den Faden auf und spann ihn fort: »Der Erziehung kommt die wichtige Aufgabe zu, uns zu lehren, wie wir uns von der Tyrannei des Ego frei machen und für andere öffnen können. Das Prinzip jeder Erziehung, die den Einzelnen in die Gesellschaft integrieren soll, muss daher lauten: ›Füge einem anderen nicht zu, was du selbst nicht erleiden möchtest.‹ Diese Goldene Regel finden wir in allen Kulturen wieder. Sie bedient sich des dem Menschen eigenen Egoismus, um die Notwendigkeit einer altruistischen Einstellung zu erklären. ›Du willst nicht, dass man dich tötet? Nun, dann töte auch du deinen Mitmenschen nicht. Du willst nicht, dass man dir Hab und Gut raubt? Nun, dann nimm auch du anderen nichts weg. Du möchtest nicht, dass man dich belügt oder beleidigt? Dann lüge auch du nicht und beleidige andere nicht mit Worten oder Taten.‹ Die ältesten moralischen Gesetze der Welt beruhen auf dieser Regel. Doch Moral und Gesetz, so notwendig sie auch sein mögen, sind nicht gleichzusetzen mit der Liebe. Denn die Liebe lässt sich nicht befehlen! Der Mensch respektiert die Gesetze der Moral aus Gründen der Klugheit, der Vernunft, des Gehorsams oder der Furcht, aber nicht aus Liebe. Die Liebe begrüßt die Moral, die für das Zusammenleben der Menschen notwendig ist, aber sie bringt sie nicht hervor. Die Liebe verlangt mehr und anderes als das Gesetz der Moral. Sie fordert eine bedingungslose Hingabe, eine Hinneigung zum anderen, die zur Ursache tiefer Freude wird. Die Moral ist das Gesetz der Vernunft, die Liebe aber das Gesetz des Herzens.«

Der nächste Weise führte weiter aus: »Diese Hinneigung zum anderen, die uns zur Liebe, zum anderen drängt, hat viele

Gesichter. Sie zeigt sich in der Liebe der Mutter zum Kind und in der Liebe des Kindes zu seiner Mutter. Aber auch in der Liebe des Vaters, die vom Kind erwidert wird. Es gibt die Liebe zwischen Geschwistern, die gemeinsam aufgewachsen sind. Und die Liebe zwischen Freunden, die einander freiwillig gewählt haben und sich freundschaftlich begegnen. Es gibt die Liebe der Liebenden, die voller Leidenschaft und Begehren ist. Und die Liebe der Eheleute, die beschlossen haben, sich gemeinsam ein Leben aufzubauen. Es gibt die Liebe des Meisters zu seinem Schüler und die des Schülers zu seinem Meister, der ihn Leben und Wachstum lehrt. Und auch die Liebe zum Tier, das mit uns lebt, die Liebe zur Erde, ja die Liebe zur Welt.«

Ein anderer Weiser bemerkte: »All diese Formen der Liebe lassen unser Herz weit werden, lassen es wachsen und pulsieren. Die Liebe zeigt uns, dass wir ohne andere Wesen nicht glücklich werden können. Sie verrät uns, dass wir geschaffen sind für die Beziehung zu anderen und dass es eine Freude ist, unser Ego zu überwinden.«

In die Stille hinein ergriff einer der Weisen das Wort und sagte: »Doch in der Liebe lauern auch viele Fallstricke. Sie kann uns tiefe Verletzungen zufügen. Der entscheidende Punkt ist hier die Beziehung, die wir als Kind zu unseren Eltern hatten. Sie prägt für immer unsere Art zu lieben. Wurden wir auf übermäßige, besitzergreifende Weise geliebt, fürchten wir später, von anderen verschlungen zu werden. Wir werden in jeder Beziehung Angst haben, unsere Freiheit aufgeben zu müssen. Wurden wir umgekehrt zu wenig geliebt oder haben unsere Eltern nicht die richtigen Worte und Gesten gefunden, um ihre Liebe mitzuteilen, wird es uns immer an Vertrauen mangeln, ob zu uns selbst oder zu anderen Menschen. Wir werden immer in der Angst leben, zurückgewiesen oder verlassen zu werden, und fürchten uns daher, uns tiefer auf etwas einzulassen. In unseren Liebesbeziehungen wiederholen wir die emotionale Konditionierung unserer frühen Kindheit. Diese ursprünglichen Kränkungen unseres Herzens können im Laufe des Lebens wieder heilen, wenn wir sie uns bewusst machen, wenn wir die richtigen Menschen treffen und an diesen Problemen arbeiten. Viele Menschen müssen erst ihr Herz heilen, bevor sie liebevolle und harmonische Beziehungen eingehen können. Wenn wir uns selbst nicht lieben, wenn wir nie richtig gelernt haben, dass wir liebenswert sind, können wir andere nicht richtig lieben. Die Narben im Herzen entstellen unsere Liebe. Dann lieben wir entweder zu besitzergreifend oder schaffen es nicht, Beziehungen aufzubauen. Wir sind zu bemüht oder zu oberflächlich. Wenn unsere Wunden tief gehen, kann daraus sogar eine pervertierte Form der Liebe entstehen.«

Ein anderer fuhr fort: »Die Liebe weist also zahlreiche Fallstricke auf. Wir müssen uns selbst erkennen, um frei lieben zu können, ohne Bedingungen, offen und wahr. Außerdem sollten wir die verschiedenen Gesichter der Liebe kennen, um sie nicht nur auf eines zu reduzieren: nämlich die Liebesleidenschaft. Viele Menschen setzen Liebe mit Leidenschaft gleich, mit dem heißen Verlangen nach dem anderen, mit der spontanen Freude beim Aufkeimen zärtlicher Gefühle. Doch ebendiese Liebesleidenschaft ist häufig nichts weiter als Illusion. Wir projizieren unsere Erwartungen auf den anderen. Wir suchen in dieser Person unbewusst eine Energie, die uns – im guten oder schlechten Sinne – an einen unserer Elternteile erinnert. Nur allzu oft idealisieren wir daher den anderen und sehen in ihm Qualitäten, die er gar nicht hat. Außerdem wird die Leidenschaft vom sexuellen Verlangen entfacht, daher erleben wir sie ja wie ein loderndes Feuer. Doch wie dieses erlischt sie irgendwann. Wenn die Freude schwindet, wenn die sexuelle Leidenschaft erkaltet und wir langsam sehen, wie der andere tatsächlich ist, glauben viele Menschen, die Liebe sei am Ende. Wenn ihre Beziehung sich nur auf Begehren und Leidenschaft gründete, ist dies auch der Fall. Was aber ist mit der Freundschaft? Auch sie kann Liebende verbinden. Was ist mit der tiefen Zärtlichkeit, die mit der Zeit zwischen zwei Menschen entsteht, die ihr Leben miteinander teilen? Und was mit der Liebe, die den anderen nimmt, wie er ist, und ihm nicht um dessentwillen gilt, was er mir gibt? Mit der Liebe, die mit der Zeit wachsen kann? Es können viele Formen der Liebe nebeneinander existieren. Daher ist es so wichtig, dass wir sie kennen, damit unsere Beziehungen sich harmonisch entwickeln können.«

An diesem Punkt hakte einer der Weisen ein und sagte: »Manche Menschen sind dafür geschaffen, mehrere Menschen zu lieben. Andere konzentrieren sich ihr Leben lang auf nur eine einzige Liebe und ihr widmen sie ihre ganze Kraft. Ebendies lernte ein großer König, der viele Frauen und Konkubinen hatte, von einer kleinen Ameise. Als er eines Tages durch die Wüste wandelt, stößt er auf einen Ameisenhaufen. Sofort kommen alle Ameisen heraus und grüßen ihn, indem sie die Mulden, die seine Schritte hinterließen, füllen. Nur eine Einzige unter ihnen scheint sich kein bisschen darum zu kümmern, dass der König zugegen ist. Sie arbeitet einfach weiter. Als der König das sieht, beugt er sich über den winzigen Körper und sagt: ›Was tust du da, kleines Tier?‹

Ohne sich von ihrer Arbeit abbringen zu lassen, antwortet die Ameise: ›Siehst du, großer König, ich versetze diesen Sandhaufen Korn um Korn.‹

›Geht diese Arbeit denn nicht über deine Kräfte?‹, fragt der König. ›Schließlich ist der Sandhaufen so groß, dass du nicht einmal seine Spitze sehen kannst.‹

›Oh, großer König, ich tue das alles für meine Liebste. Der Sandhaufen trennt mich von ihr. Daher werde ich in meinen Bemühungen auch nicht einen Augenblick nachlassen. Und wenn ich bei diesem Werk all meine Kräfte verbrauche, dann sterbe ich wenigstens im glücklichen Zustand der Hoffnung.‹

So sprach die verliebte Ameise. Und so entdeckte der König auf einem Wüstenweg das Feuer der großen Liebe.«

Bald ergriff wieder einer der acht Weisen das Wort und sprach: »Es ist ein gängiger Irrtum, Liebe nur in ihren üblichen Formen zu erkennen: in der Freundschaft, der Liebe zwischen Eltern und Kindern, der Liebe zwischen Partnern. Doch die Liebe drückt sich in vielerlei Formen aus. Die Liebe zu einer Landschaft, zu einem Kunstwerk kann unser Herz ebenso für höhere Dimensionen öffnen wie eine Liebesbeziehung. Wenn unser Herz mit der Weltseele im Einklang ist, kann schon eine Kleinigkeit es tief bewegen: ein Lächeln, eine sich öffnende Blüte, eine Wolke am Himmel, der Blick eines Unbekannten auf der Straße. Dann empfindet es Mitgefühl für jedes lebende

Wesen. Es lehnt jede Form der Grausamkeit ab, nicht nur die, die sich gegen Menschen richtet, sondern auch die gegen Tiere, welchen Grund sie auch immer haben mag. Dann liebt es die Welt, den Kosmos, das Leben.«

Und ein anderer fuhr fort: »Wenn die Liebe in unserem Herzen wurzelt, verändert sie unsere Art zu leben, ja, zu sein. Dann gibt es plötzlich nichts mehr, was uns fremd oder fern ist. Jedes lebende Wesen steht uns nahe, alles Leiden geht uns an. Alles Seiende ist uns Freund, Vater, Mutter oder Kind.«

Der nächste der Lehrenden erzählte eine Geschichte: »Ein Meister stellt seinen Schülern folgende Frage: ›Wie erkennst du den Augenblick, in dem die Nacht endet und der Morgen anbricht?‹

›So wie man Hund und Wolf auseinanderhält‹, antwortet einer der Schüler.

›Das ist nicht die richtige Antwort‹, meint der Meister.

›So wie man einen Feigen- von einem Olivenbaum unterscheidet‹, versucht es der nächste.

›Das ist ebenfalls nicht richtig‹, gibt der Meister zurück.

›Wie denn dann?‹, fragen die Schüler im Chor.

›Wenn wir im Angesicht eines Unbekannten unseren Bruder erkennen, dann ist die Nacht zu Ende und der Tag bricht an.‹«

Kurz darauf hob ein anderer die Stimme: »Die Liebe, von der wir sprechen, hat keinen Anfang und kein Ende. Sie ist ohne Grenzen und ohne Angst. Sie erwartet nichts. Sie gibt und nimmt, ohne zu klagen und ohne zu fordern. In ihr gibt es keine Unterscheidung in ›ich‹ und ›andere‹. Es gibt nur das Wir. Es gibt weder Mann noch Frau, weder reich noch arm, weder Amerikaner noch Chinesen, weder Buddhisten noch Muslime, weder Osten noch Westen, weder stark noch schwach, weder Gerechte noch Sünder, weder Reine noch Unreine. Es gibt nur den Kelch der Liebe, der alle und alles vereint.«

Einer der Weisen fuhr fort: »Die Liebe vergilt nicht Schlag mit Schlag. Sie fordert nicht Auge um Auge, Zahn um Zahn. Die Liebe lehrt uns zu vergeben, statt uns zu rächen; zu trösten, statt nach Trost zu suchen; zu teilen, statt anzuhäufen; zu geben, statt zu nehmen; zu verstehen, statt zu urteilen. Doch die Liebe lehrt uns auch, zu verbessern, zu erziehen, gerecht zu sein, zu empfangen, sich trösten und helfen zu lassen. Die Liebe ist ein ständiger Austausch zwischen uns und der Welt. Ein Austausch, der nur mit offenem Herzen gelingt.«

Und schließlich beschloss einer der Weisen den Tag und sprach: »Die Liebe bindet uns, ohne uns zu fesseln. Sie umschließt uns, ohne uns einzuschließen. Sie lässt uns erbeben, ohne uns Angst zu machen. Sie lässt uns weinen, ohne unser Herz zu verschließen. Sie lässt uns begehren, ohne besitzen zu wollen. Die Liebe legt uns in Ketten und macht uns frei. Die Liebe verankert uns und öffnet uns das ganze Universum.«

***

Tenzin und Natina verließen die Terrasse als Letzte. Der junge Lama hatte deutlich gespürt, dass sich im Laufe des Tages bei seiner jungen Freundin eine gewisse Anspannung aufgebaut hatte. Nun, wo die Weisen sich zurückgezogen hatten, fragte er sie: »Ist alles in Ordnung?«

Natina verzog das Gesicht, erhob sich und seufzte leise:

»Ich habe das Gefühl, das alles nicht behalten zu können, wieviel weniger erst, danach zu leben! Das mit der Weisheit ist ja schön und gut, aber ich bin vermutlich nicht dafür geschaffen.«

»Wieso glaubst du das?«

»Ich will darüber nicht reden. Du würdest es doch nicht verstehen.«

»Im Gegenteil: Wir sollten darüber sprechen. Und ich verstehe gut, wie es dir damit geht, Natina.«

Doch das Mädchen widersprach ihm leidenschaftlich:

»Unsinn! Wie könntest du auch! Du lebst von Kindesbeinen an wie ein Mönch! Du bist mit der kosmischen Liebe aufgewachsen, mit der Freiheit des Geistes, mit der universellen Weisheit. Ich aber träume davon, den Mann meines Lebens zu finden. Ich will mit meinen Freundinnen herumalbern und das Leben voll auskosten! Also, wenn du das verstehst ...«

Tenzin schwieg einige Minuten. Dann trat er zu Natina und versuchte, ihre Hand zu ergreifen. Doch das junge Mädchen zog sie auf der Stelle zurück. Sie wendete das Gesicht ab und wischte sich eine Träne aus dem Augenwinkel. Tenzin verzog keine Miene, sondern redete erneut auf sie ein.

»Aber Natina, ich habe mir das Leben inmitten der Mönche doch nicht ausgesucht. Man hat mich aus meiner Familie herausgerissen, als ich zwei Jahre alt war. Ich kenne nur dieses Kloster und sonst nichts. Freilich war Lama Dorje so liebevoll zu mir wie eine Mutter, aber nichts kann deren liebende Arme ersetzen. Manchmal habe ich auch Lust, mich zu amüsieren, Fußball zu spielen oder Gitarre wie andere Jungs in meinem Alter. Mir fehlt so einiges. Und gleichzeitig finde ich, ich habe unheimliches Glück, dass ich hier sein und diese Belehrungen empfangen darf. Ich habe schon als Junge gelernt, dass das Dasein nicht leer und unbestimmt ist, dass es vielmehr einen tieferen Sinn hat. Und dass es von enormer Bedeutung ist, das kostbare Geschenk unserer Existenz nicht zu verschwenden. Vielleicht werde ich dieses Kloster eines Tages verlassen und leben wie alle anderen. Vielleicht werde ich sogar heiraten und Kinder haben. Aber wenigstens habe ich all das hier gelernt. Wenn ich sterbe, kann ich nicht sagen, ich hätte es nicht gewusst. Und das, was ich gelernt habe, wird mir sicher nützlich sein, egal, ob ich Klempner sein werde oder Briefträger, ob ich in irgendeinem Londoner Vorort oder in Peking wohnen werde …«

Natina brach in helles Gelächter aus.

»Rede doch keinen Unsinn. Du bist total ungeschickt mit den Händen. Da ist es schon besser, du wirst Mönch.«

Dann ging sie auf Tenzin zu und umarmte ihn herzlich.

»Ich liebe dich, Tenzin. Mit welcher Form der Liebe? Ich weiß es nicht. Aber du bist das wunderbarste Geschöpf, das ich je kennengelernt habe.«

»Auch ich liebe dich, Natina«, antwortete der junge Lama, der den Tränen nahe war. »Du wirst immer in meinem Herzen sein.«

Lange Zeit standen die jungen Leute einfach nur da und hatten die Arme umeinander geschlungen. Dann lösten sie sich behutsam voneinander. Natina hauchte eine Andeutung von Kuss auf Tenzins Wange, dann lief sie weg. Als sie in den Raum trat, den sie mit ihrer Mutter teilte, brach sie in heiße Tränen aus, die eine nach der anderen über ihre Wangen kullerten.

Gabrielle merkte ihrer Tochter an, wie erschöpft sie war. Sie fragte sie, ob sie mit ihr spazieren gehen solle, doch das Mädchen lehnte ab. »Möchtest du, dass wir abreisen, damit du all deine Freunde wiedersehen kannst, Liebes?« Natina nickte. Gabrielle schwieg. Dann leuchtete ihr Gesicht plötzlich auf, als hätte sie eine Idee. »Warte hier«, meinte sie und ging hinaus. Zehn Minuten später kam sie mit Meister Kong zurück. Der brachte sein Satellitentelefon mit und sein Laptop. »Willst du nachgucken, ob du neue Freunde auf Facebook hast?«, sagte er und lächelte Natina an.

Und so fand Natina an jenem Abend Frieden. Tenzin aber lag im Bett und konnte nicht schlafen. Sein Herz schlug wie verrückt. Aber er war unendlich glücklich.

Der fünfte Tag

DER GARTEN DER SEELE

Von den Qualitäten, die wir entwickeln, und den Giften, die wir zurückweisen sollten

Am Morgen des fünften Tages, als die Sonne sich über die weißen Berggipfel erhob, ergriff einer der Weisen das Wort und sprach: »Hört, ihr Menschenkinder, die fünfte edle Belehrung über die Qualitäten, die es zu entwickeln, und die Gifte, die es zurückzuweisen gilt, wenn wir wahre Weisheit und Herzensfrieden erfahren wollen. Denn Herz und Geist des Menschen bestehen aus Qualitäten ebenso wie aus Fehlern, aus guten und schlechten Gewohnheiten, aus Tugenden und Lastern. Daher muss er zu unterscheiden lernen zwischen dem, was für ihn gut ist, und dem, was ihm schadet. Diese Unterscheidung aber muss er nicht nur kennen, er muss sie auch mit Willenskraft und Intelligenz umsetzen, damit er jene Qualitäten entwickeln kann, die ihn wachsen lassen und ihn zu einem besseren Menschen machen, jene aber meiden, die ihn herabsetzen und erniedrigen. Er und nur er allein kann diese Wahl treffen, die sein ganzes Leben beeinflusst.«

Ein anderer Weiser fuhr fort, indem er eine Geschichte erzählte: »Eines Abends wendet ein alter weiser Mann sich an seinen

Enkel und sagt: ›Mein Kind, in jedem von uns leben zwei Wölfe, die miteinander im Kampf liegen. Der eine ist gut, der andere ist böse.‹

Der Junge denkt eine Weile nach, dann fragt er seinen Großvater: ›Und welcher Wolf wird am Ende gewinnen?‹

Da antwortet der alte Mann: ›Der, dem du Nahrung gibst.‹«

Und wieder nahm einer der Weisen den Faden auf und spann ihn fort: »Nähre, was in dir gut, gerecht und licht ist. Alles Schlechte, Negative, Dunkle aber lasse aushungern. Denn nur wenn du dich in Tugend übst, wirst du tugendhaft. Lasterhaft aber wirst du, wenn du deinen negativen Neigungen nachgibst. Je älter wir werden, desto schwerer fällt es uns, uns zu verändern, die Geistesgifte auszumerzen, die uns zu zerstören drohen, und die Qualitäten zu entwickeln, die in uns angelegt sind. Lasst euch damit nicht zu lange Zeit, meine Kinder! Kümmert euch sofort, von diesem Moment an, um den Garten eurer Seele. Wässert die Pflanzen darin, umsorgt sie, reißt das Unkraut aus, bevor es den Garten überwuchern kann. Achtet darauf, dass die guten Samen sprießen, auch wenn die Pflänzchen anfangs noch so klein erscheinen. Seid geduldig und beständig, dann werdet ihr bald die Früchte ernten.«

Ein anderer hub zu sprechen an: »Kultiviert zuerst und vor allem das Staunen. Hört nie auf, vor der Schönheit, der Harmonie und der Güte in der Welt Ehrfurcht zu empfinden. Hört nie auf, Fragen zu stellen wie neugierige kleine Kinder. ›Das Staunen ist die Wurzel der Weisheit‹, sagte einer der alten Meister, denn es führt uns dazu, Dinge zu hinterfragen und das Unsichtbare hinter der sichtbaren Welt zu entdecken. Es führt uns direkt zur Wahrheit. Es nimmt uns mit ins Herz der Weltseele. Hütet euch vor der Gleichgültigkeit gegenüber anderen oder der Welt. Hütet euch vor der Gefühllosigkeit. Seid niemals aufgeblasen, satt und selbstzufrieden. Denn dann bleibt euer Geist nicht lebendig. Er gibt sich mit ein paar Gewissheiten zufrieden und hinterfragt nichts mehr. Er wird wie ein abgestorbener Baum, und euer Leben wird ohne Reiz, Intelligenz und Freude sein.«

Einer der Weisen fuhr fort: »Kultiviert das eifrige Streben. Arbeitet ohne Unterlass daran, ein besserer Mensch zu werden. Vollbringt, was euch verändert. Setzt euch ein für euch selbst, für die anderen und die Welt. Seid schöpferisch. Tut etwas. Lasst nicht einen Tag vergehen, ohne euch für irgendetwas, und sei es eure eigene Entwicklung, engagiert zu haben. Hütet euch vor der Faulheit! Natürlich müssen wir uns nach der Arbeit ausruhen. Faulheit aber hat mit Ausruhen nichts zu tun: Sie ist nur ein Mangel an Kraft und Motivation. Wir weigern uns, uns anzustrengen, um die Illusion der Ruhe und des Wohlbefindens zu pflegen. Was für ein ungeheuerlicher Selbstbetrug! Unser Körper und unsere Seele hungern nach Aktivität, nach Arbeit, nach Ausdruck. Faulheit aber ermüdet mehr, als sie Erholung schafft. Sie macht uns träge und zersetzt uns. Ohne Handlung, ohne Bemühen, ohne Reflexion und Aktivität können wir zwar anderen immer noch nützlich sein, nicht aber uns selbst. Wir haben aufgehört zu wachsen und zu gedeihen. Wir finden uns mit dem Schwinden unseres Daseins ab. Wir vegetieren dahin und erwarten den Tod, obwohl wir nicht sterben wollen.«

Ein Weiser schloss an: »Kultiviert die Sanftheit. Seid liebevoll und sanft zu euch selbst und zu anderen. Die Frucht der Sanftheit ist Frieden, im Herzen und in der Welt. Vergeltet niemals Gewalt mit Gewalt, Beleidigung mit Beleidigung, Zorn mit Zorn. Gewalt zerstört den Einzelnen ebenso wie die Welt. Manchmal muss man dem eigenen Zorn Ausdruck verleihen. Doch wir müssen lernen, ihn zu zügeln, ihn im rechten Moment abzustellen. Lasst euch nicht von euren aggressiven Impulsen beherrschen, denn sie können euch zu Handlungen treiben, die ihr bald danach bitter bereuen werdet.«

Wieder ein anderer ergriff das Wort und sagte: »Kultiviert den Humor und das Lachen. Nichts ist schlimmer als ein humorloser Mensch, der im Leben nur die tragische, ernste oder nützliche Seite sieht. Der Humor hat keinerlei Zweck, doch für ein glückliches Dasein ist er unverzichtbar. Der Humor leugnet die tragischen Seiten nicht, er wandelt sie nur um. Er verleiht Abstand zum Schmerz und verwandelt auf diese Weise Weinen in Lachen. Versucht, jeden Tag zu lachen, angefangen über euch selbst! Fröhlichkeit und Humor schenken einen positiven Blick auf das Leben, der uns auch schwierige Ereignisse leichter ertragen lässt.

Eine Mutter hält ihrem Sohn eine Gardinenpredigt: ›Wenn du brav bist, kommst du in den Himmel. Wenn nicht, in die Hölle.‹

Der Junge denkt ein paar Sekunden lang angestrengt nach. Dann sagt er: ›Und was muss ich tun, damit ich in den Zirkus komme?‹«

Einer der Weisen fuhr fort: »Kultiviert Glauben und Vertrauen. Auf diese beiden Stöcke solltet ihr euch stützen, wenn ihr im

Leben vorwärtskommen wollt. Ein Kind dürfte keinerlei Risiken eingehen, wenn es seiner Mutter nicht glauben und vertrauen würde. Es könnte nicht wachsen, wenn es nicht auf die Welt zugehen würde. Als Erwachsene können wir uns vorstellen, dass die Weltseele unsere Mutter ist. Aufmerksam wacht sie über uns und gibt uns die Kraft, nach vorne zu gehen. Wir sollten ihr vertrauen. Wir sollten dem Leben vertrauen und lernen, das Risiko einzugehen, vorwärtszuschreiten, aufzubrechen, uns zu ändern. Das Leben wird uns immer zu neuen, besseren Ufern führen. Vertreiben wir also die Sorge aus unserem Geist, die uns lähmt und am Wachstum hindert. Vertreiben wir die Angst, die unsere Seele zerfrisst. Vertreiben wir den Zweifel, der das Vertrauen in unsere Fähigkeiten unterminiert; der uns paralysiert, sodass wir die helfende Hand anderer Menschen nicht ergreifen können; der das spontane Vertrauen ins Leben aushöhlt, das jedes Kind besitzt und das eine so kostbare Gabe ist.«

In die entstehende Stille hinein meldete sich ein anderer zu Wort: »Kultiviert die Großzügigkeit. Seid großzügig zum Leben, dann wird das Leben großzügig zu euch sein. Einer der großen Weisen der Vergangenheit sagte einmal: ›Geben ist seliger denn Nehmen.‹ Dieses Naturgesetz des menschlichen Daseins solltet ihr verinnerlichen: Je offener und großzügiger ihr seid, umso glücklicher werdet ihr sein. Seid ihr aber kleinlich, geizig, egoistisch, wird euer Herz sich verschließen. Denn eure Besitztümer können euch kein tiefgreifendes Glück, keine wahre Freude schenken.«

Erneut sprach einer der Weisen: »Kultiviert Mut und Stärke. Lernt, eure Ängste hinter euch zu lassen. Setzt euch damit auseinander, lernt sie Schritt für Schritt zu besiegen. Einige werden ganz verschwinden, andere euch weiter begleiten, doch sie werden euch nicht mehr zur Untätigkeit verdammen, denn ihr werdet entdecken, dass ihr stärker seid als eure Angst.«

Einer der acht fuhr fort: »Kultiviert Wohlwollen und Güte. Güte wohnt in jedem menschlichen Herzen. Erweckt ihre Kraft zum Leben, dann werdet ihr erkennen, wie stark sie ist! Güte verwandelt Bitterkeit in Sanftheit, Dunkelheit in Licht. Verurteilt eure Mitmenschen nicht. Zeigt euch verständnisvoll und geduldig.

Ich möchte euch eine Geschichte erzählen. Sie handelt von einem sehr religiösen Mann und einer Prostituierten. Die beiden leben in derselben Straße. Er betet ohne Unterlass, führt ein heiligmäßiges Leben, übt sich in Askese und lehrt den Weg Gottes. Er hält sich für heilig. Eines Tages macht er der Prostituierten, die ihren Körper verkauft, um leben zu können, Vorwürfe: ›Du bist eine große Sünderin! Du wirst ein schreckliches Los erleiden!‹ Die arme Frau fleht Gott an, ihr zu verzeihen. Doch sie muss ihr Metier weiter ausüben, weil sie sonst nicht überleben kann. Der religiöse Mann und die Prostituierte sterben am selben Tag. Da klopfen Engel an die Tür der Hure, um sie in den Himmel zu tragen. Den heiligen Mann allerdings holen Dämonen ab, die seine Seele fordern.

›Wie!‹, ruft der Mann empört aus. ›Habe ich nicht heiligmäßig gelebt und den Menschen den Weg zu Gott gepredigt? Warum sollte ich in der Hölle landen, während diese Frau, die ein verwerfliches Leben führte, in den Himmel kommt?‹

Und die Dämonen antworten: ›Diese arme Frau war gezwungen, ein schlechtes Leben zu führen, doch ihr Geist richtete sich stets auf Gott. Du aber hast dich zwar nach den Vorschriften des Glaubens gerichtet, doch dein Geist beschäftigte sich nur mit den Fehlern deiner Mitmenschen. Du warst von der Sünde besessen, daher kommst du jetzt dorthin, wo nichts als Sünde herrscht.‹«

Einer der Weisen ergriff das Wort: »Kultiviert die Liebe zur Wahrheit. Vertreibt die Dunkelheit der Unwissenheit durch das aufrichtige Streben nach Wahrheit. Vermeidet die Lüge, die eines der stärksten Seelengifte ist, da sie den Sinn für das Wahre zerstört. Sie vergiftet alle Beziehungen und hindert uns am Fortschritt. Andererseits kann es aus Liebe nötig sein, eine Wahrheit zu verschweigen, die für den anderen zu schmerzhaft wäre. Achtet aber darauf, dass ihr dies nicht zum Vorwand nehmt, um in der Lüge zu leben oder euren Mitmenschen die Wahrheit vorzuenthalten, ob es nun um deren Gesundheitszustand, Untreue oder eine neue Liebe geht, um ein paar Beispiele zu nennen.

Habt keine Angst vor der Wahrheit, auch wenn sie euch manchmal Schmerz verursacht. Die Wahrheit führt euch in unbekannte Länder, zu neuen Horizonten. Ihr müsst die behaglichen Bereiche der Gewissheit verlassen, in denen ihr euch mit euren geistigen Gewohnheiten eingenistet habt. Doch die Wahrheit wird euren Geist freimachen von dieser Knechtschaft.«

Und wieder erklang die Stimme eines der acht Weisen über die Terrasse des Klosters hin: »Kultiviert Geschmeidigkeit und Flexibilität. Das Leben ist ständig im Wandel. Je geschmeidiger ihr werdet, desto besser könnt ihr euch seiner Bewegung anpassen. Sie erlaubt euch, auf unvorhergesehene Ereignisse richtig zu reagieren, auch auf Verhaltensweisen anderer, mit denen ihr nicht gerechnet habt. Seid geschmeidig wie das Schilf, das sich unter dem Ansturm des Windes beugt, aber niemals bricht. Strenge und Härte hingegen setzen dem natürlichen Fluss des Lebens Widerstand entgegen. Dann erstarren wir in Haltungen und Prinzipien, die bestimmten Situationen oder der Weiterentwicklung unseres Lebens nicht dienlich sind.«

Ein anderer ergriff das Wort und sagte: »Kultiviert die Gerechtigkeit, denn sie ist die höchste Tugend, ohne die alle anderen wertlos sind. Welchen Wert hätte denn der Mut eines Tyrannen? Gerechtigkeit liegt jedem moralischen Handeln zugrunde. Ohne Gerechtigkeit ist kein Zusammenleben möglich. Ohne Regeln, die moralisch gerechtfertigt erscheinen, kann keine Gesellschaft bestehen. Diese Regeln müssen für alle gleichermaßen gelten und gegenüber allen angewandt werden. Sie müssen auf der Erkenntnis des Wahren und Falschen beruhen und alle Verstöße dagegen müssen sanktioniert werden. Denn ohne Zweifel empört uns nichts so wie die Ungerechtigkeit, ob wir nun Kinder sind oder Erwachsene. Ungerechtigkeit erscheint uns stets unannehmbar. Dabei müssen wir unterscheiden zwischen der Ungerechtigkeit, die vom Menschen ausgeht und gegen die wir stets kämpfen müssen, und jener, die das Leben mitunter mit sich bringt. Denn nur allzu oft erscheint uns das Leben selbst ungerecht: Da hat das Schicksal den einen mit Wohlstand bedacht, den anderen nicht. Ein Mensch, der allerlei auf dem Kerbholz hat, lebt lange und hat unglaubliches Glück, während ein Mensch voller Güte früh stirbt oder zum Stiefkind des Lebens wird. Natürlich ist das Leben ungerecht. Doch wenn wir an die Unsterblichkeit des Geistes glauben, können wir nicht wissen, was in einem früheren Leben geschehen ist oder in künftigen noch geschehen wird. Wir glauben, dass die Gerechtigkeit des Lebens sich nicht mit der Elle des irdischen Daseins messen lässt.«

Ein anderer fuhr fort: »Kultiviert die Demut. Wer demütig ist, hat nicht etwa ein niedriges Selbstwertgefühl. Er schätzt sich und seinen Platz in der Welt vielmehr ganz richtig ein. Demut bedeutet zu wissen, dass jeder sich stets verbessern kann, dass er sich weiterentwickeln kann, dass er andere braucht. Der Hochmütige hingegen denkt, er brauche niemanden. Er hält sich anderen gegenüber für überlegen und hat ein völlig falsches Selbstbild. Und so unterlaufen dem Hochmütigen immer wieder Irrtümer in der Einschätzung der Dinge, da er von der Sonne seines Ego geblendet ist. Der Hochmütige wirkt nachgerade lächerlich.«

Einer der Weisen nahm den Faden auf und spann ihn fort: »Kultiviert Zufriedenheit und Mäßigkeit. Der Mensch braucht so wenig, um glücklich zu sein. Wir sind zu Sklaven unseres Verlangens geworden, und wir brauchen immer mehr und mehr. Die ständige Frustration aufgrund unerfüllter Wünsche macht den Menschen unzufrieden. Lernt, mit dem zufrieden zu sein, was ihr habt. Trennt euch von allem Überflüssigen. Findet Gefallen an einfachen Dingen und strebt nicht nach dem Besitz der anderen. Dies ist einer der wichtigsten Schlüssel zum Glück!«

In die Stille hinein ertönte die Stimme eines anderen Weisen: »Kultiviert die Dankbarkeit. Dankt dem Leben für alles, was es euch geschenkt hat. Gesundheit, Liebe, Freundschaft, Arbeit. Und wenn ihr diese kostbaren Dinge verliert, dankt ihm für die Hindernisse, die es euch in den Weg legt, damit ihr wachsen könnt, Demut entwickeln könnt oder Entsagung. So weist euch das Leben auf Dinge hin, die ihr nicht sehen wolltet. In der Dankbarkeit zu leben heißt, das Herz im Einklang mit der Weltseele weit aufzumachen. Dann wird alles Gnade.«

Einer der Weisen warf ein: »Übt euch in Bedachtsamkeit. Seid nicht zu wagemutig und impulsiv. Denkt nach, bevor ihr zur Tat schreitet. Erwägt die Konsequenzen eures Tuns. Umsichtig zu sein heißt nicht, dass es euch an Kühnheit mangelt oder dass ihr zaghaft seid. Bedachtsam handeln heißt einfach nur, dass ihr Vernunft und Verantwortungsgefühl walten lasst, bevor ihr etwas unternehmt. Und das kann euch einigen Ärger ersparen.«

Ein anderer fügte hinzu: »Übt euch in Mäßigung, denn sie verhindert, dass ihr euch in den Sinnenfreuden verfangt. Vermeidet die Extreme: den Asketismus und die Schwelgerei. Der Asket und der Wüstling achten beide ihren Körper nicht. Ersterer schadet ihm durch Mangel, Letzterer durch Überfluss.«

Einer der Weisen führte die Worte seines Vorgängers weiter: »Übt euch in Geduld. Das Leben lehrt uns Geduld. Es lehrt uns, dass wir den richtigen Moment zum Handeln abwarten müssen, den richtigen Zeitpunkt für die Ernte. Im Warten liegt Tugend. Das Brennen der Ungeduld lässt uns allerlei Fehler begehen. Wir sind so aufgeregt, dass unser Geist nicht mehr klar sieht. Übt euch des Weiteren in Beständigkeit, also der Geduld im

Arbeitsleben und bei euren Bemühungen. Verfolgt die Ziele, die ihr einmal gewählt habt, unbeirrt bis zum Ende, und lasst euch von keinem Hindernis entmutigen.«

Ein anderer spann die Idee fort: »Kultiviert eine Haltung des Dienens. Anderen zu dienen ist keine Schande. Ganz im Gegenteil: Der Edle versucht stets, der Welt zu dienen. Er stellt seine Gaben und Möglichkeiten gerne anderen zur Verfügung. Er dient dem Leben. Doch hütet euch vor dem Wunsch, zu herrschen, der den Menschen zum Sklaven seines Ego macht. Wer Macht ausüben will, zerstört seine Seele, weil er zum Unglück anderer beiträgt, die Welt unterjocht und Leben vernichtet. Wie die Weisen der Vergangenheit lehrten: ›Was nützt es dem Menschen, wenn er die ganze Welt gewinnt und dabei seine Seele verliert?‹«

Das Wort ging auf einen anderen der Versammelten über und er sagte: »Übt euch in Verzeihung und Barmherzigkeit. Es ist sehr schwer, immer gerecht, wahr, gut, treu und tugendhaft zu sein. Manchmal straucheln wir und vermögen nicht, nach unseren Prinzipien zu leben. Manchmal verletzen wir andere und brauchen ihre Vergebung, damit die Beziehung weiter wachsen kann. Daher sollten wir selbst lernen zu vergeben und jedem, der sein Tun bereut, eine Chance geben. Denn das Leben wird so auch mit uns verfahren. Es ist gnädig und gibt uns stets mehr als eine Chance. Vergebung und Barmherzigkeit tragen weiter zur Öffnung unseres Herzens bei. Geläutert durch die Liebe der Vergebung, wird eine Verletzung häufig zum Ausgangspunkt eines neuen Lebens.«

Und schließlich beendete einer der Weisen die Belehrungen dieses Tages: »Übt euch in Toleranz. Gebt euch niemals der Überzeugung hin, allein im Besitz der Wahrheit zu sein. Die Welt ist vielfältig, jeder Mensch ist offen für andere Dinge. Was für den einen gut ist, muss es nicht auch für den anderen sein. Was in der einen Kultur als wahr gilt, muss in einer anderen nicht stimmen. Der Geist der Toleranz erlaubt uns, unser Verständnis für das Leben und die Welt zu vertiefen. Das heißt jedoch nicht, dass alles gleich ist. Demokratie ist besser als Tyrannenherrschaft, Gerechtigkeit besser als Ungerechtigkeit, Liebe besser als Hass. Es gibt unterschiedliche Arten zu leben und unterschiedliche Meinungen und Auffassungen von universellen Dingen, die einander jedoch nicht widersprechen müssen. Was die letzten Wahrheiten angeht, also die Wahrheit über Gott oder das Absolute, so kann niemand von sich behaupten, sie vollkommen zu begreifen. Niemand kann behaupten, sie für sich gepachtet zu haben, denn sie entziehen sich unserem Verständnis. Was in jeder Kultur, jeder spirituellen Tradition hierüber gelehrt wird, kann nie mehr sein als nur ein Splitter des Ganzen, eine begrenzte Sichtweise. Wer immer sich dogmatisch daran klammert, meint, das Ganze zu sehen. Sein Herz kann das Leben nicht voller Demut annehmen und anderen gegenüber auch keinen Respekt entwickeln.«

***

An diesem Abend befand sich jener Weise, der in den letzten Nächten keinen Schlaf gefunden hatte, in einem Zustand äußerster Erregung. Er hätte nie die letzten Worte dieses Tages über die

Toleranz sprechen können, denn seine Seele war im Zwiespalt. Er wusste nicht mehr, was er glauben sollte. Die Stimme des Zweifels quälte ihn weiter: »Wie kannst du einfach nur still dasitzen, wenn jemand behauptet, dass alle spirituellen Traditionen gleich viel wert sind? Diese angebliche Toleranz ist eine gefährliche Sache, unter deren Deckmantel sich der Relativismus einschleicht. Sie zerstört jede religiöse Wahrheit.«

Der Weise versuchte, dem etwas entgegenzuhalten:

»Aber wenn jeder von uns sich darauf versteift, dass seine Religion die einzig wahre ist, ist überhaupt kein Dialog mehr möglich. Dann herrschen Gleichgültigkeit, Verachtung und offener Kampf.«

»Du hast überhaupt nichts begriffen«, flüsterte die Stimme. »Du hast das Glück, in die einzig wahre Religion hineingeboren zu sein, die Gott seinen Auserwählten offenbart hat. Alle anderen sind unvollständig und unvollkommen, auch wenn der Allerhöchste sie inspiriert hat. Und du wirfst dieses unglaubliche Glück von dir, indem du an diesem scheinbar universellen Dialog teilnimmst! Dafür wirst du am Tag des Gerichts Rechenschaft ablegen müssen.«

Der Weise begann zu zittern. Die Angst kroch ihm bis ins innerste Mark.

»Ich kann gehen. Ich kann morgen schon abreisen …«

»Und was würde das nützen?«, zischelte die Stimme. »Es sind nur noch zwei Tage, und die anderen, die die Wahrheit nicht kennen, werden sich weiter diesem gottlosen Tun überlassen.«

»Dann ist es also zu spät?«

»Die beiden Kinder stellen eine enorme Gefahr dar, vor allem der junge Tibeter, der einen geschulten Geist besitzt. Er wird es sein, der diese unreine Botschaft in die Zukunft trägt. Er wird diesen schändlichen Relativismus weitergeben, der sogar das Herz der Auserwählten täuschen kann.«

»Aber was kann ich dann noch tun?«

»Du weißt es, aber du wagst es dir nicht einzugestehen. Dem Bösen muss Einhalt geboten werden, und zwar auf eine Weise, die der Schwere des Vergehens angemessen ist. Töte den Jungen, dann wird alles wieder gut sein.«

»Das kann ich nicht tun!«, rief der Weise aus. »Der Gott, den ich anbete, ist der Gott des Lebens. Ein Gott der Barmherzigkeit, der Mord verbietet!«

»Er ist auch der Gott der Gerechtigkeit und der Wahrheit. Ein allmächtiger Gott, Herr der Heerscharen, der einst die Armeen der Gläubigen anführte, um die Welt der Ungläubigen zu vernichten. Lies das Heilige Buch! Gott hat nie verboten zu töten, wenn der wahre Glaube in Gefahr ist. Was ist das Leben eines Sünders, verglichen mit der Ewigen Wahrheit?«

Der Weise streckte sich auf seinem Bett aus. Er war zutiefst aufgewühlt, ja, er zitterte vor Furcht. Lange blieb er unbeweglich liegen, dann erhob er sich. Auf dem Tisch lag ein langer Dolch mit geschliffener Klinge. Er nahm ihn an sich und verließ seine Zelle.

Ruhig ging er dahin, wie ein Schlafwandler. Die Augen traten ihm aus den Höhlen, der Blick war stier geradeaus gerichtet. Lautlos trat er in Tenzins Zelle. Das Mondlicht erhellte schwach den Raum. Der Junge lag friedlich schlafend auf dem Rücken. Der Weise hielt die Klinge fest umfasst. »Ich müsste ihm nur die Kehle durchschneiden«, überlegte er. »Er würde es nicht einmal spüren. Er beugte sich über Tenzins Haupt und sah ihm ins

Gesicht. Dann setzte er sachte die Klinge am Hals des jungen Lama an. Zögernd hielt er inne.

»Tu es. Deine Hand soll nicht zögern. Dann wird deine Seele gerettet sein.« Doch der Mann konnte den Befehl nicht ausführen. Denn in ihm hatte sich eine andere Stimme erhoben, die sprach: »Wie kannst du nur vom Mord an einem Unschuldigen dein Heil erwarten? Wer ist der Gott, dem du dienst und der das Blut eines Kindes fordert, um seine Macht nicht zu verlieren?« Ein tiefer Riss schien durch die Seele des Weisen zu gehen. Welche Stimme war nun die Stimme der Wahrheit? Doch je länger er den Jungen ansah, desto tiefer berührte er sein Herz. Er merkte, dass er den Jungen, der reinen Herzens war, lieb gewonnen hatte. »Nein!«, sagte er sich innerlich. »Ich werde nicht für meinen Glauben töten. Lieber brate ich in der Hölle!« Im selben Augenblick sah er eine Schlange über den Boden gleiten, die auf den Jungen zuschoss und sich züngelnd vor seinem Gesicht aufrichtete. Da begriff er, woher die innere Stimme kam. Seine Seele war vom ewigen Versucher verführt worden, von der Macht der Finsternis, die die Welt beherrscht. Mit einem Schlag hieb er dem Tier den Kopf ab.

Tenzin schreckte hoch. Er sah den Weisen über sich gebeugt, den Dolch in der Hand. Tränen strömten seine Wangen hinab. Und er sah die enthauptete Schlange auf dem Boden liegen. »Du hast mir das Leben gerettet!« Der Weise ließ den Dolch fallen und umarmte den jungen Mann. »Und du hast mir meines wiedergegeben! Du hast mein Herz aus dem Abgrund der Angst ins Licht der Liebe geführt!«

Der sechste Tag

HIER UND JETZT

Die Kunst des Lebens

Die Morgensonne kletterte langsam den Berg hinauf. Die Luft war von unendlicher Reinheit. Der Blick ging kilometerweit. Die Vögel, weit mehr als sonst, durchtanzten den blauen Himmel. Ihre Rufe legten sich über die Versammlung der Weisen wie ein himmlisches Mantra. Ein zarter Hauch von Weihrauch und Jasmin zog über die Terrasse hin. Und so ergriff einer der Weisen das Wort und sprach: »Hört nun, ihr Menschenkinder, die sechste Belehrung über das rechte Verhalten. Leben ist eine Kunst. Ihr müsst also zu leben lernen. Lernen, was ihr tun und lassen solltet, um wirklich Fortschritte zu machen und euch selbst zu verwirklichen.

Meidet alle Extreme. Weisheit liegt im Maß, im Feingefühl. Die Welt muss weder erobert noch verachtet werden. Die Wahrheit ist weder weiß noch schwarz. Der Körper und die Materie dürfen weder zum Götzen gemacht noch vernachlässigt werden. Wie einer der Meister der Vergangenheit sagte: ›Die höchste Tugend liegt im rechten Maß zwischen den Extremen.‹«

Ein anderer fuhr fort: »In diesem Licht sollten wir unsere Beziehung zu Menschen und Dingen sehen: als rechtes Gleichgewicht zwischen Anhaftung und Ablehnung. Denn es ist nur natürlich, dass wir an dem anhaften, was wir lieben. Es gibt keine Liebe ohne Anhaftung. Doch wir sollten uns auch im Loslassen üben, denn wir können kein Wesen je wirklich besitzen. Jeder Mensch muss seinen eigenen Weg gehen. Daher sollten wir nicht zulassen, dass das tödliche Gift des Besitzergreifens sich in unserer Seele breitmacht. Wenn wir Eifersucht empfinden, was nur natürlich ist, sollten wir uns im Loslassen üben. Und die Idee der Trennung akzeptieren. Der Mensch, den wir lieben, kann uns morgen schon verlassen. Er kann sterben. Wir müssen also lernen, aus ganzem Herzen zu lieben und gleichzeitig loszulassen, damit unser Geist nicht an unseren Emotionen anhaftet. Wir müssen uns immer wieder ins Gedächtnis rufen, dass alles vergänglich und flüchtig ist, dass uns nichts je gehört. Wir müssen im Kopf behalten, dass wir allein sind, dass wir allein geboren wurden und alleine sterben werden. Wir sollten nicht versuchen, dieser existenziellen Einsamkeit aus dem Weg zu gehen. Wir sollten nicht versuchen, mit einem anderen Wesen zu verschmelzen. Machen wir uns lieber bewusst, dass wir uns irgendwann trennen müssen. Lernen wir mit dem rechten Maß an Anhaftung zu lieben.

Denn letztlich gilt dies für alles: Genießen wir, was das Leben uns schenkt – Gesundheit, ein Heim, einen Arbeitsplatz, Ruhm und Ehre –, ohne jedoch allzu sehr daran zu haften. Seien wir bereit, alles, was uns geschenkt wurde, wieder herzugeben. Denn ebendiese Haltung führt zu dem, was wir ›Gleichmut‹ nennen: zur gelassenen Distanz den Wechselfällen des Lebens gegenüber, ob sie nun angenehm oder schmerzhaft sein mögen. Wer diesen Gleichmut entwickelt, besitzt von allen Menschen die höchste Freiheit. Nichts kann seine Gelassenheit trüben. Natürlich verspürt auch er Trauer und Zorn, Freude und Leid, Furcht und Hoffnung, doch all dies berührt den Urgrund seiner Seele nicht, der voller Frieden bleibt. Kein Gefühl wird ihn je so erschüttern, dass er diese innere Freude verliert, die Liebe, die ihn mit der Weltseele verbindet. Dazu möchte ich euch eine Geschichte erzählen.

Ein erbarmungsloser Eroberer bahnt sich mit seinen Truppen seinen Weg durch ein Land. Seine Soldaten brennen alles nieder. Alle Einwohner fliehen vor ihnen. Wer zu alt oder zu krank ist, muss zurückbleiben. Die Eindringlinge töten jeden, den sie finden. Sie machen jeden Ort dem Erdboden gleich. Eines Abends gelangt die Armee zu einem abgelegenen Kloster in den Bergen. Der Eroberer steigt ab und tritt ein. Er durchmisst den Hof, blickt in einige der verlassenen Zellen, als er plötzlich innehält. Ein Mönch von etwa fünfzig Jahren sitzt in seiner Zelle, die Beine in Lotushaltung verschränkt, die Augen halb geschlossen. Der Eroberer tritt auf den Mönch zu, der ihn nicht wahrzunehmen scheint. Also zieht er seinen Säbel, setzt ihn dem Mönch an den Hals und fragt: ›Willst du mich herausfordern? Gibst du vor, keine Angst zu haben? Weißt du nicht, wer ich bin? Weißt du nicht, dass ich dich mit meinem Säbel durchbohren kann, ohne auch nur mit der Wimper zu zucken?‹

Der Mönch öffnet die Augen, sieht den Mann ruhig an und sagt: ›Und du? Weißt du nicht, wer ich bin? Weißt du nicht, dass ich mich von deinem Säbel durchbohren lassen kann, ohne auch nur mit der Wimper zu zucken?‹«

Ein Moment des Schweigens kehrte ein, bevor der nächste Weise die Belehrungen fortsetzte: »Wir brauchen Stille, um die Melodie der Weltseele vernehmen zu können. Ist unser Geist ständig beschäftigt, aufgewühlt, aktiv, findet er nicht zurück zu seiner Quelle. Schenken wir unserem Geist jeden Tag Augenblicke der Stille. Denn aus dieser Stille erwachsen uns die schönsten Früchte der Seele: Frieden, Sanftmut, Freude, Liebe, Verständnis, Licht. Die innere Sammlung ist das Atmen der Seele. Denn unser Geist braucht die Stille ebenso wie unser Körper die Luft zum Atmen. Wie viele Seelen ersticken in der Hektik des modernen Lebens und finden weder den Raum noch die Ruhe, die sie für ihr inneres Gleichgewicht und Wachstum brauchen.«

Ein anderer Weiser warf ein: »Wenn die Seele die Rückverbindung zur Quelle sucht, kann sie auf vielfache Weise in diesen Dialog treten. Die Religionen nennen dies ›Gebet‹. Wer an einen persönlichen Gott glaubt, übt sich in seiner Anbetung. Die Verbindung zum Göttlichen nährt und stärkt die Seele der Gläubigen mehr als jedes äußere Ritual. Es gibt auch Bittgebete oder Lobpreisungen. Auch im stillen Zwiegespräch sucht der Gläubige den Kontakt zum Göttlichen und erfreut sich der Liebe, die von der Weltseele ausgeht, welchen Namen man ihr auch immer geben mag. Man muss nicht an Gott glauben oder an eine andere Gottheit, um sein Herz im Einklang mit der Weltseele zum Schwingen zu bringen. Jedes Wort, jeder Gedanke, jeder Blick, der sich an die geheimnisvolle Kraft richtet, welche das Universum mit Leben erfüllt, verbindet uns mit der Weltseele und trägt dementsprechend Früchte.«

Einer der Weisen nahm den Faden auf: »Wenn ihr mit der Weltseele in Kontakt steht, gibt sie euch Ideen ein. Wir sprechen dann von ›Intuition‹. Die Intuition schenkt uns Führung über die Logik der Vernunft hinaus. Wo diese nicht ausreicht, um eine Situation richtig einzuschätzen, tritt die Intuition auf den Plan. Sie lässt uns Gefahren wittern, neue Wege beschreiten und den Charakter neuer Erfahrungen erkennen. Die Intuition kann sich auch in Gestalt einer künstlerischen oder geistigen Inspiration erweisen. Die Weltseele gibt dem Künstler oder Denker eine neue Form oder Idee ein. Lernt, diesen inneren Orientierungssinn zu entwickeln, indem ihr euch auf eure Quelle verlasst. Seid offen für kreative Inspiration. Lasst euch von der Intuition leiten. Probiert das im Kleinen aus, dann lernt ihr sie allmählich immer besser kennen. Schließlich könnt ihr euch auch in wichtigen Dingen von ihr leiten lassen.«

Eine andere Stimme ergriff das Wort und sprach: »Seid wachsam, ihr Menschenkinder, was eure Gedanken angeht. Sie sind genauso wichtig wie euer Handeln. Gedanken schaffen eine Energie und drücken eine Absicht aus. Diese Energie, diese Intention bleiben nie ohne Wirkung sowohl in euch selbst wie in der äußeren Welt. Negative Gedanken, die wir anderen gegenüber hegen, haben Folgen – sowohl für uns als auch für andere. Sie erreichen den anderen und können ihn verletzen, ohne dass wir etwas gesagt oder getan hätten. Darüber hinaus verdunkelt die negative Energie unsere Seele. Positive, liebevolle Gedanken aber können Menschen auch auf weite Distanz helfen, und sie erleuchten die Seele. Auch Gedanken über uns selbst und unser Leben haben diese positiven oder auch negativen Effekte.

Je mehr ihr finster vor euch hinbrütet, desto schwieriger wird euer Leben. Sobald ihr aber positive, optimistische und vertrauensvolle Gedanken hegt, wird euer Leben schöner. Ihr werdet Glück erfahren und eure Schwierigkeiten lösen sich.«

Einer der Weisen erzählte dazu eine Geschichte: »Ein junges Mädchen steht am Ufer eines reißenden Flusses. Die Strömung scheint so stark, dass sie sich nicht über die Furt hinüberwagt. Da kommen zwei Mönche des Weges. Der ältere der beiden bietet dem Mädchen an, sie hinüberzutragen, wofür der Jüngere ihn vorwurfsvoll beäugt. Das Mädchen nimmt das Angebot dankend an. Gesagt, getan. Als der Abend sich neigt, kehren die beiden Mönche in ihr Kloster zurück. Da meint der Junge zum Älteren: ›Du solltest dich schämen. Was du getan hast, ist uns durch unser Mönchsgelübde untersagt.‹

›Schämen? Wieso? Was soll von unserem Gelübde untersagt sein?‹

›Du hast wohl ganz vergessen, dass du eine schöne junge Frau auf deinen Schultern getragen hast?‹

›Stimmt, das habe ich‹, meint der ältere Mönch lächelnd. ›Doch ich habe das Mädchen am Fluss zurückgelassen, du aber trägst sie immer noch mit dir herum.‹«

Einer der Weisen fuhr fort: »Unsere Gedanken haben eine enorme Macht. Aber auch Worten wohnt eine große Kraft inne. Sie können Katastrophen auslösen, aber auch Wunder bewirken. Ein einziges Wort kann ein ganzes Leben zerstören oder ihm Sinn verleihen. Die Macht des Wortes ist stark. Wortgewaltige Menschen können die Menge mobilisieren, ganze Völker zum Aufstand bewegen, können Seelen verstören und in die Knechtschaft treiben. Lernt eure Worte zu meistern, ihr Menschenkinder. Denkt stets an die Folgen eures Tuns. Dazu möchte ich euch eine Geschichte erzählen:

Ein Mann kommt zu einem alten Weisen und sagt: ›Meister, ich muss euch unbedingt erzählen, was euer Schüler tut.‹

›Halt ein!‹, unterbricht ihn der Weise. ›Hast du das, was du mir sagen möchtest, durch die drei Siebe gestrichen?‹

›Welche drei Siebe?‹, fragt der Mann verblüfft.

›Alles, was du tust und sagst, muss durch die drei Siebe gehen. Das erste ist das Sieb der Wahrheit. Hast du überprüft, ob das, was du mir erzählen möchtest, wahr ist?‹

›Nein, ich habe es nur gehört …‹

›Und hast du das zweite Sieb benutzt, das Sieb der Güte? Wenn es vielleicht nicht wahr ist, dann ist es doch wenigstens etwas Gutes, was du mir erzählen willst?‹

›Nein, ganz im Gegenteil …‹

›Nun, wie ist es dann mit dem dritten Sieb: Ist das, was du mir erzählen willst, nützlich?‹

›Nützlich? Auch nicht gerade …‹

›Nun‹, schließt der Weise lächelnd, ›wenn das, was du mir erzählen willst, weder wahr noch gut noch nützlich ist, möchte ich es gar nicht erst hören. Und was dich angeht, so würde ich dir raten, es einfach zu vergessen.‹«

Daraufhin erhob einer der acht Weisen die Stimme und sagte: »Achtet auf eure Gedanken und eure Worte, aber auch auf eure Taten, denn natürlich gehören auch sie zu einem gerechten Leben. Viele Menschen denken zwar recht und auch ihre Worte sind stets gerecht, doch es gelingt ihnen nicht, ihre Taten ihren Gedanken und Worten anzugleichen. Denn es ist einfacher, im Denken weise zu sein als im Tun. Freilich ist es schwierig, Denken, Reden und Tun in Einklang zu bringen. Also seid achtsam und fragt euch jeden Abend: ›Habe ich heute im Einklang mit meinen Überzeugungen, meinen Intentionen und meinen Lebensgrundsätzen gehandelt?‹ Diesen achtsamen Blick solltet ihr auch auf eure gesamte Lebensweise richten: ›Führe ich ein gutes, ein gerechtes, ein ausgewogenes Leben?‹ Welchen Stellenwert hat die Sorge um euren Körper und eure Seele im Leben? Welchen Stellenwert hat es für euch, mit anderen Geschöpfen etwas zu teilen?«

Einer der Weisen erzählte dazu eine Geschichte: »In einem fernen Land stirbt der alte König. Sein einziger Sohn folgt ihm auf den Thron nach. Da er weiß, wie wenig er weiß, ruft er alle Weisen seines Reiches zusammen, um sie zu bitten, in aller Herren Länder zu reisen und alle Erkenntnisse der Wissenschaft und der Weisheit zusammenzutragen und sie ins Königreich zu bringen. Sechzehn Jahre später kommen die Weisen zurück und führen Bücher in allen möglichen Sprachen mit sich. Angesichts dieser Bücherberge wird dem König klar, dass ein Leben niemals ausreichen wird, sie alle zu lesen. Also bittet er die Gelehrten, diese Bücher an seiner statt zu lesen, das Wesentliche zusammenzuschreiben und daraus für jede Wissenschaft ein lesbares Werk zu schaffen.

Wieder vergehen sechzehn Jahre, bevor die Weisen dem König seine Bibliothek präsentieren, die nur aus den Zusammenfassungen der Bücher besteht und in der die ganze

Weisheit und Wissenschaft der Menschheit versammelt ist. Der König, der mittlerweile alt geworden ist, sieht ein, dass ihm nicht mehr genügend Zeit bleiben wird, all diese Werke zu studieren. Und so bittet er seine Weisen, aus jedem Buch einen einzigen Artikel zu machen, der sozusagen den Kern dieser Wissenschaft enthält. Erneut gehen acht Jahre ins Land. Der König ist mittlerweile alt und krank, also bittet er seine Gelehrten, jeden Artikel in einem Satz zusammenzufassen. Nach vier Jahren ist auch diese Arbeit vollbracht.

Am Ende steht ein einziges Buch, in dem jede Wissenschaft und jede Weisheit der Welt in einen einzigen Satz gefasst ist. Sein alter Ratgeber bringt dem König das Buch. Der König aber ist so müde geworden, dass er nur murmelt: ›Sag mir einen Satz, in dem alles Wissen und alle Weisheit der Welt gebündelt ist. Nur diesen einen Satz, bevor ich sterbe!‹

›Mein Herr‹, antwortet der Ratgeber ihm, ›alle Weisheit der Welt liegt in diesem einen Satz: ›Lebe ganz im Augenblick!‹«

Und schließlich beendete einer der Weisen die Belehrungen dieses Tages mit den Worten: »Keine Erfahrung ist nutzbringend, wenn sie nicht voller Achtsamkeit im gegenwärtigen Augenblick erlebt wird. Wenn wir es an Achtsamkeit fehlen lassen, werden wir mit körperlichen und emotionalen Schwierigkeiten zu kämpfen haben, die uns in unserer spirituellen Entwicklung behindern. Daher müsst ihr lernen, euer Leben voll Achtsamkeit zu führen: Seid präsent in allem, was ihr tut. Diese Wachsamkeit, die uns erlaubt, im ›Hier und Jetzt‹ zu leben, wird euch helfen, viele körperliche und seelische Probleme zu lösen. Darüber hinaus öffnet sie unser Herz und verbessert unsere Beziehungen zu anderen

Menschen. Und sie führt zu intensiven spirituellen Erfahrungen. Denn die Qualität der Aufmerksamkeit, die wir aufbringen können, wirkt sich auf unsere Gehirnströme aus, was wiederum den gesamten Organismus betrifft: Muskelspannungen, Herzrhythmus, Atemfrequenz … aber auch Wahrnehmung, Gedächtnis und allgemeines Wohlbefinden.

Die Qualität unserer Präsenz in der Welt ist ausschlaggebend für unser emotionales, psychisches und spirituelles Gleichgewicht. Nur wenn wir wirklich da sind, wenn wir ganz aufgehen in der Begegnung mit anderen und der Welt, können wir die Seele der Welt erfahren.

Achtsam sein und im gegenwärtigen Augenblick verankert, in allem, was wir tun und fühlen, mit allem, was wir sind: Dies ist einer der Schlüssel zu einem guten Leben.«

***

Das Ende der Belehrungen rückte immer näher. Am Vorabend des siebten und letzten Tages waren alle zugleich voller Freude und voller Trauer. Freude und Erleichterung stellten sich ein, weil es gelungen war, dieses schwierige Unterfangen zu einem Ende zu führen, und weil nun jeder wieder nach Hause konnte. Trauer, weil man sich würde trennen müssen. Denn im Laufe dieser Tage mit ihren freudvollen und tragischen Ereignissen waren zwischen den Menschen im Kloster tiefe Bindungen entstanden. Jeder Einzelne von ihnen hatte sich gewandelt – mit Herz und Geist. Für keinen der Anwesenden würde das Leben je wieder so sein wie vorher. Diese vorletzte Nacht schien besonders ruhig zu sein. Bis auf einmal, kurz nach Mitternacht, die

Hunde im Kloster zu jaulen anfingen und nicht mehr aufhören wollten. Die Mönche und die Weisen erhoben sich von ihrer Lagerstatt und entdeckten, als sie auf die Terrasse traten, dass etwas Unglaubliches geschah: Ein zartes blaues Licht erfüllte das ganze Himmelsgewölbe. Es wurde Tag wie am frühen Morgen, nur war die Mitternacht eben gerade vorüber. Das Phänomen hielt etwa eine Stunde an, dann verblasste das Licht allmählich und der mondlose Himmel wurde wieder schwarz.

Am Morgen waren die Gesichter der Weisen von Müdigkeit gezeichnet. Alle redeten vom blauen Himmel der Nacht. Ansya erzählte von einem beunruhigenden Traum, in dem die Sonne sich am helllichten Tag verdunkelt hatte und der weiße Berg in sich zusammengesunken war, wobei er das Kloster unter einer Schneelawine begrub. Die Weisen sagten sich, dass es an der Zeit sei, die Belehrungen zu Ende zu bringen, denn alle Zeichen deuteten darauf hin, dass eine Katastrophe unmittelbar bevorstand. Und so brach der neue Tag, der den beiden Jugendlichen den letzten Schlüssel zur Weisheit an die Hand geben sollte, in feierlicher Stimmung an.

Der siebte Tag

GLÜCK UND UNGLÜCK SIND IN DIR SELBST

Vom Annehmen dessen, was ist

Einer der Weisen ergriff das Wort und sprach: »Hört, ihr Menschenkinder, die siebte edle Belehrung über das Annehmen all dessen, was ist. Der Königsweg, die Krönung der Weisheit, die wichtigste Haltung, die wir einnehmen können, ist es, das Leben zu akzeptieren und mit ihm die Wirklichkeit. Nichts zurückzuweisen, was auch immer sich zeigen mag. Bestimmte Dinge können und müssen verändert werden. Doch zunächst einmal sollten wir Ja zum Leben sagen. Eine Krankheit stellt sich ein: Wir akzeptieren sie und tun alles, was nötig ist, um geheilt zu werden. Wir sind zu Recht traurig oder wütend, aber lasst uns doch über Trauer und Wut hinausgehen. Wir mögen unser Gesicht, unseren Körper nicht? Wir sind unzufrieden mit unserem Charakter? Vielleicht sollten wir einfach lernen, uns anzunehmen und zu lieben, wie das Leben uns gemacht hat. Im zweiten Schritt können wir tun, was nötig ist, um das, was uns nicht gefällt, zu ändern. Manchmal lässt sich das nicht bewerkstelligen, denn einige Dinge im Leben können wir nicht beeinflussen. So lernen wir loszulassen, nicht alles kontrollieren zu wollen, vertrauensvoll zu wachsen – voller Gelassenheit, Demut, Heiterkeit und Liebe.«

Die nächste Stimme erhob sich und sprach: »Häufig geschieht es, dass wir das Leben zurückweisen, andererseits aber der festen Meinung sind, dass das Leben uns zurückweist. Wenn wir eine Prüfung durchleben, eine Krankheit zum Beispiel, sind wir aufgebracht über unser Leben. Und doch ist es nicht selten so, dass wir selbst für diese Prüfung verantwortlich sind, ja, dass sie uns geschickt wurde, um uns einen Anstoß zu geben. Manchmal nämlich verschließen wir uns dem Leben, dem Wandel, der Wirklichkeit, und dann tauchen die Hindernisse auf, eines nach dem anderen. Sie sind da, damit wir uns weiterentwickeln. Damit wir uns etwas bewusst machen, was an unserem Leben nicht stimmt. Dass wir ein Ereignis ins Unbewusste verdrängt haben, das wir uns nicht anschauen wollen. Doch statt die Hindernisse als Signale des Lebens zu erkennen, versteifen und verkrampfen wir uns in unserer Ablehnung. Dann wird unser Leiden immer schlimmer.«

Ein anderer warf ein: »Einer der alten Weisen der Vergangenheit sagte einst: ›Verlang nicht, dass das geschieht, was du dir wünschst, sondern wünsche dir das, was geschieht. Dann wirst du glücklich sein.‹«

Der nächste Redner spann den Faden fort: »Nicht die äußeren Gegebenheiten müssen wir ändern, sondern unsere Gedanken und Glaubenssätze. Sie bestimmen größtenteils darüber, was uns widerfährt. ›Wir sind, was wir denken‹, sagte einer der Weisen der

Vergangenheit. Und tatsächlich üben unser Denken und unser Glauben einen enormen Einfluss auf den Lauf unseres Lebens aus. Nicht selten wird unser Leben zu genau dem, was wir denken und glauben. Denn gewöhnlich filtern wir die Realität und nehmen nur das wahr, was unsere Glaubenssätze bestätigt. Ein pessimistischer Mensch sieht überall schlechte Omen, die seinen Pessimismus bestärken. Ein optimistischer Mensch hingegen entdeckt überall Zeichen der Hoffnung, die seinen Optimismus bestätigen. So stark sind unsere Glaubenssätze, dass sie häufig sogar jene Ereignisse herbeiführen, durch die sie bestätigt werden. Ein ängstlicher Mensch läuft viel eher Gefahr, Opfer einer Gewalttat zu werden, als ein furchtloser. Ein komplexbeladener Mensch wird viel öfter zurückgewiesen als ein selbstsicherer. Unsere Sicht der Welt und von uns selbst ist es, die bestimmt, was uns widerfährt. Dazu möchte ich euch eine Geschichte erzählen:

Ein sehr von sich eingenommener Mann lässt eines Tages die Wände und Decken seines Lieblingsraumes mit Spiegeln verkleiden, sodass keine Ritze dazwischen mehr frei bleibt. Immer wenn er sich dort einschließt, um sein Bild zu bewundern, kommt er, von Selbstbewusstsein durchdrungen, wieder heraus, bereit, der Welt die Stirn zu bieten. Eines Tages lässt er beim Herausgehen aus Versehen die Tür offen stehen. Sein Hund schleicht hinein und sieht sich von Hunderten anderer Hunde bedroht, die er zuerst beschnüffelt, dann anknurrt, ja anbellt. Da die Spiegelbilder davon nicht weggehen, stürzt er sich auf sie. Ein wütender Kampf entbrennt: Der Kampf gegen sich selbst ist immer der bitterste! Am Ende haucht der arme Hund sein Leben aus. Als sein Herr vor Trauer die Tür zu dem Raum verschließen lassen will, kommt ein Weiser vorüber.

›Lasst diesen Raum offen‹, meint er. ›Er hat Euch viel zu lehren.‹

›Was meint Ihr damit?‹

›Die Welt ist ebenso neutral wie diese Spiegel. Je nachdem, ob wir ihr mit bewunderndem oder ängstlichem Blick entgegentreten, werden wir Bewunderung oder Furcht erfahren. Sie wirft uns unseren Blick zurück. Wenn Ihr glücklich seid, ist die Welt beglückend. Wenn Ihr ängstlich seid, ist sie furchterregend. Wir kämpfen stets gegen unser Spiegelbild an und sterben im Kampf gegen uns selbst. Denn hört: In jedem Wesen, in jedem Augenblick, sei er glücklich oder unglücklich, einfach oder schwierig, begegnen wir immer nur uns selbst.‹«

Einer der Weisen spann den Faden fort: »Akzeptiere die Gesetze des Lebens und nichts wird dich mehr bedrücken. Das erste Gesetz lautet: Jede Handlung ruft eine Wirkung hervor, du erntest also, was du säst. Bewusst oder unbewusst, durch dein Tun oder Denken, in diesem Leben oder vielleicht in einem anderen. Das zweite Gesetz lautet: Alles ist vergänglich, flüchtig, im steten Wandel begriffen. Versuche nicht krampfhaft, an der Illusion von Stabilität und Sicherheit festzuhalten. Akzeptiere vielmehr den Wandel, die Unsicherheit, den Tod. Dann wird dein Herz Frieden erfahren.«

Ein anderer der acht Weisen warf ein: »Nicht trotz, sondern aufgrund der Hindernisse und Schwierigkeiten, die uns begegnen, machen wir Fortschritte. So wie man von einem Stockwerk ins nächste nicht trotz, sondern wegen der Stufen, die dorthin führen, gelangt. Hindernisse sind die Stufen, die uns weiterbringen.

Sehen wir uns also nicht als Opfer der äußeren Ereignisse, sondern als ihre Schüler.«

Einer der Weisen führte die Belehrung fort: »Lernt, nichts im Leben zurückzuweisen. Zurückweisung verursacht viel mehr Schmerz als Akzeptanz. Selbst wenn ihr körperlichen Schmerz zu erdulden habt, ist es leichter, wenn ihr ihn nicht ablehnt, sondern annehmt. Lasst euch in den Schmerz hineinfallen, öffnet euch ihm, wie ihr euch von Kälte durchdringen lässt, gegen die anzukämpfen sinnlos wäre. Seltsamerweise wird der Schmerz dadurch geringer. Seht den Schmerz als Teil einer Erfahrung, die das rein körperliche Leiden übersteigt. Nehmt ihn auf, lasst ihn sich im weiten Raum des Bewusstseins ausdehnen, und schon wird er erträglich.«

Und ein anderer fügte hinzu: »Lehnt vor allem den Schatten nicht ab, die Düsternis, die unscharfen Zonen, die ihr in euch tragt. Wenn ihr sie leugnet, wenn ihr ihrer Herr werden wollt, wenn ihr zu streng oder zu lasch mit ihnen seid, verleiht ihr ihnen nur noch mehr Kraft. Dann kehren sie eines Tages mit Gewalt zurück und zwingen euch in die Krankheit, in die Dunkelheit, in die Verdrängung. Nehmt alles an, was in euch ist und holt es ins Licht der Gewissheit. Akzeptiert, was ist. Erst dann könnt ihr beginnen, an euch zu arbeiten – voller Vertrauen und voller Liebe.«

Der nächste Weise erhob seine Stimme: »Lernt, eure Zerbrechlichkeit anzunehmen. Die Schattenseiten des Seins schaffen ebenjene Risse im Gewebe des Ich, durch die das

Leben uns in Liebe mit anderen verbindet. Führen wir unsere Beziehungen nicht nur im Glorienschein unserer Kräfte und Begabungen, sondern auch und vor allem im Licht unserer Fehler und Schwächen. Das Leben will, dass wir einander nötig haben, dass wir uns liebende Unterstützung schenken. Die Weltseele hat es so gefügt: Jedes Wesen hat seine Gaben, mit denen es anderen zur Stütze werden kann. Doch es hat auch seine Schwachstellen, seine Brüche, seine Anfälligkeit, weshalb es die Hilfe anderer benötigt.«

Ein anderer Weiser erzählte eine Geschichte: »Eine alte Frau besitzt zwei Tontöpfe, die sie an einer Stange trägt, um Wasser zu holen. Einer der Krüge ist alt und rissig, und so ist er am Ende ihres langen Marsches vom Brunnen nach Hause immer schon halb leer. Der neue, noch makellose Krug ist daher sehr stolz auf sich. Der Krug mit den Rissen aber schämt sich seiner Mängel und ist traurig, dass er seine Aufgabe nicht mehr richtig erfüllen kann. Und so wendet er sich eines Tages an die alte Frau, als sie wieder am Brunnen steht und Wasser schöpft: ›Ich schäme mich, denn aus meinen feinen Rissen sickert das Wasser, das auf dem Nachhauseweg nutzlos in den Sand tropft.‹ Doch die alte Dame lächelt nur und sagt: ›Hast du denn nie bemerkt, dass auf dem Weg nach Hause auf deiner Seite Blumen wachsen und auf der anderen nicht? Ich weiß ja, dass du diese feinen Risse hast. Daher habe ich Samenkörner in den Sand gelegt. Und jeden Tag hast du sie getreulich gegossen. Dir verdanke ich es, dass ich seit zwei Jahren immer diese herrlichen Blumen pflücken kann, um meine Hütte damit zu schmücken.‹«

Einer der Weisen sprach weiter: »Die Welt ist ein spirituelles Gefäß, das nicht geformt werden kann. Wie ein alter Weiser sagt: ›Wer versucht, es zu formen, zerstört es. Wer es festhält, wird es verlieren.‹ Der moderne Mensch ist hochmütig, und so will er sein Leben und seine Umwelt vollkommen kontrollieren. Doch eben weil er die Welt beherrschen will, entzieht sie sich ihm und lehnt sich durch Naturkatastrophen gegen ihn auf. Und da er sein Leben kontrollieren will, entzieht es sich ihm und er verliert es an alle möglichen körperlichen und seelischen Krankheiten.«

Einer der Weisen erteilte die folgende Belehrung: »Wir sollten nicht nach dem Leiden streben, wie manche religiöse Menschen es tun, die ihren Körper kasteien. Das Leid kommt ganz von selbst zu uns. Andererseits ist es auch schädlich, das Leiden bewusst zu vermeiden, denn dann können wir das Leben nicht in seiner ganzen Fülle auskosten. Wir gehen kein Risiko ein. Wir gehen allem aus dem Weg, was uns verletzen könnte. Wir tun nichts, wofür wir uns anstrengen müssten. So wird der Kreis unseres Lebens immer enger und die Freude verschwindet daraus. Viele Menschen sind unglücklich, weil sie es vorziehen, sich im Unglück bequem und schmerzfrei einzurichten, statt Mühen und Opfer auf sich zu nehmen, die im Moment vielleicht schmerzlich sind, am Ende aber zu tiefem Glück führen. Wie ein Kranker, der manchmal bittere Medizin schlucken oder eine gefährliche Operation auf sich nehmen muss, damit sein Körper wieder gesund wird, so muss auch der Mensch begreifen, dass die Hindernisse im Leben vom Schicksal gesandt sind, um seine Seele zu stärken und zu heilen.«

Und ein anderer der acht Weisen warf ein: »Es gibt keine Wandlung ohne Schmerz. Damit wir tiefe Freude erfahren können, müssen wir das Risiko eingehen, großen Schmerz zu durchleiden.«

In die eintretende Stille hinein sagte einer der Weisen: »Unser Leben ist aus sichtbaren und unsichtbaren Fäden gewebt. Wir nehmen nur die sichtbaren wahr, daher lehnen wir uns mitunter gegen unser Schicksal auf. Könnten wir aber die unsichtbaren erkennen, dann würden wir entdecken, dass alles, was uns unangenehm erscheint, einen tieferen Sinn birgt und uns nützlich sein kann. Dann würden wir die Ereignisse, die wir für ein Unglück halten, als Chance begreifen, die uns die unsichtbaren Fäden im Gewebe unseres Lebens erkennen lässt.«

Einer der Weisen erzählte dazu eine Geschichte: »Es war einmal ein König, dessen treuester Diener bei jeder möglichen und unmöglichen Gelegenheit meinte: ›Alles ist stets zum Besten bestellt‹, was den König ziemlich ärgerte. Eines Tages schneidet der König einen Zweig und verletzt sich dabei am Finger. Als der Diener das sieht, meint er wie immer: ›Alles ist stets zum Besten bestellt, mein König.‹

Entnervt führt er seinen Diener zu einem Brunnen, der schon lange ausgetrocknet ist.

›Ich werde dich jetzt in diesen Brunnen werfen‹, schreit er. ›Was sagst du dazu?‹

›Alles ist stets zum Besten bestellt‹, antwortet unerschütterlich der Diener.

Außer sich vor Zorn wirft der König ihn in den Brunnen.

Kurze Zeit später aber wird er von einem Stamm Wilder ergriffen. Diese beten eine Göttin an, die Menschenopfer fordert. Also legen sie dem König Fesseln an und ziehen ihn hinter sich her zum Tempel der Göttin. Dort wartet der Hohepriester auf ihn, der sich anschickt, ihn zu opfern. Da fällt der Blick des Priesters auf die Wunde am Finger des Königs. Entsetzt erklärt der Hohepriester, der König sei unrein und könne daher nicht geopfert werden. Der König freut sich, noch am Leben zu sein. Da er sich an die Worte seines Dieners erinnert, schlägt er den Weg zurück zum Brunnen ein, in den er den armen Mann gestürzt hat. Dort angekommen, hilft der König seinem Diener wieder heraus und berichtet getreulich, was ihm widerfahren ist. Es scheine also tatsächlich alles stets zum Besten bestellt zu sein, denn ohne die Wunde an seinem Finger wäre er nun mit Sicherheit tot. Ein Zweifel aber bleibt dem König.

›Mein weiser Diener, was mich angeht, hat dein Spruch sich als wahr erwiesen. Doch was ist mit dir? Ist auch für dich alles zum Besten bestellt?‹

›Mein Herr, hättet ihr mich nicht in den Brunnen geworfen, hätten die Wilden mich an eurer Statt ihrer Göttin geopfert. Daher war auch für mich alles zum Besten bestellt.‹«

Einer der Weisen sagte: »Wir können uns nicht von der Welt befreien, sondern nur von *unserer* Welt: dem Gefängnis unserer Glaubenssätze und unseres Ego. Äußere Umstände können unser Leben nicht verändern, aber jeder kann das ändern, was er glaubt und tut. Glück und Unglück wohnen in unserem Inneren. Paradies und Hölle existieren nur in uns.«

Ein anderer erzählte dazu eine Geschichte: »Ein alter Weiser sitzt mit geschlossenen Augen in Meditationshaltung am Straßenrand. Plötzlich wird seine Meditation von den lauten, aggressiven Worten eines Soldaten unterbrochen: ›Alter Mann! Sag mir, wie sieht es im Paradies und in der Hölle aus?‹

Der alte Mann reagiert nicht. Erst allmählich öffnet er die Augen und lächelt den Soldaten an, der sich direkt vor ihm aufgepflanzt hat und mehr und mehr zornig und ungeduldig wird.

›Du möchtest das Geheimnis von Himmel und Hölle erfahren? Du armseliger Wicht mit deinen dreckigen Stiefeln und deiner schlammbespritzten Kleidung? Du mit deinen struppigen Haaren, deinem stinkenden Atem, deinem verrosteten Schwert? Du hässliches Geschöpf wagst es, mich nach der Hölle und dem Paradies zu fragen?‹

Rasend vor Zorn zieht der Soldat sein Schwert und setzt es dem alten Mann an den Hals. Sein Gesicht ist rot angelaufen vor Wut, dick treten die Adern an seinem Hals hervor, als er beide Arme hebt, um dem alten Mann den Kopf abzuschlagen.

›Siehst du‹, sagt der alte Mann sanft. ›Das ist die Hölle!‹ Der Soldat hält inne und reißt vor Staunen den Mund weit auf. Er sieht den alten Mann, der sein Leben aufs Spiel gesetzt hat, um ihm diese Einsicht zu vermitteln, voller Achtung und Mitgefühl an. Tränen der Dankbarkeit steigen ihm in die Augen. ›Und das ist das Paradies!‹, fügt der alte Mann hinzu.

Und wieder erhob einer der acht Weisen die Stimme und sprach: »Hört, ihr Menschenkinder, die Wahrheit von der ewigen Weisheit: Der Weg dorthin führt uns vom egoistischen zum universellen Bewusstsein. Das egoistische Bewusstsein ist dualistisch. Es glaubt stets, dass es ein ›Ich‹ und eine ›Welt‹ gibt. Unser Leben lang mühen wir uns, das zu tun, was dem Ego gefällt, und alles zu vermeiden, was ihm unangenehm ist. Das universelle Bewusstsein aber ist nicht dualistisch: Da gibt es keine Zweiteilung in das Ich und die Welt. Sobald wir dieses Bewusstsein verwirklicht haben, folgen wir nicht länger dem Mechanismus von Anziehung und Ablehnung und finden uns auf dem Weg der Akzeptanz all dessen, was ist, wieder. Dann sagen wir Ja zum Dasein, zur Wirklichkeit, zum Leben. Wenn wir in der Welt nicht mehr unsere egoistischen Interessen verfolgen, sind wir ein Teil dieser Welt geworden. Dann sagen wir nicht mehr: ›Wenn die Welt gut wäre, würde sie mir all meine Wünsche erfüllen.‹ Stattdessen sagen wir: ›Mein einziger Wunsch ist es, in der Welt, wie sie ist, vollkommen offen und präsent zu sein.‹ Das letzte Loslassen, bei dem wir ganz in den gegenwärtigen Augenblick eintauchen, ist der Abschied vom Ich. Dann leben wir im Pulsschlag der Weltseele.

Wer diesen Geisteszustand beständig verwirklicht hat, wird ein ›Erlöster‹, ein ›Erwachter‹, ein ›Weiser‹, ein ›Heiliger‹. Die einzige Kraft, die sein Leben antreibt, ist die Liebe. Alle Angst ist von ihm abgefallen. Zeit und Hoffnung gibt es nicht mehr. Er lebt in der ewigen Gegenwart. Er genießt alle Lebensfreude. Und ist mit allen Wesen verbunden. Die Weltseele wirkt darauf hin, dass alle Seelen eines Tages diesen Zustand der Verwirklichung erlangen.«

Schließlich beschloss einer der Weisen den letzten, den siebten Tag mit den Worten: »Unsere Lebensaufgabe ist es, von der Unwissenheit zur Erkenntnis, von der Dunkelheit ins Licht, von der Sklaverei der Sinne zur Freiheit des Geistes, von der Unvollkommenheit zur Vollendung, von der Unbewusstheit zur höchsten Bewusstheit, von der Angst zur Liebe voranzuschreiten.

Diese Reise ist das schönste Abenteuer, das es gibt: das innere Abenteuer des Strebens nach Weisheit. Für dieses ist es unerheblich, ob du reich oder arm, machtlos oder mächtig, klein oder groß bist. Die Weisheit steht allen offen. Sie gibt sich ganz umsonst. Es genügt, wenn wir nach ihr streben. Denn dann wird das Leben sein, was es im tiefsten Grunde ist: eine Initiation.

Brich auf, um dich selbst zu finden! Dann wird das Universum dir zulächeln!«

Dritter Teil

UND ES WURDE DUNKEL AUF ERDEN

1

DIE HÖHLE

Tenzin ging neben einem langsam dahintrottenden Yak her und hatte den Blick fest auf den steinigen Weg geheftet. Sein Herz war schwer. Einen Tag nach dem Ende der Belehrungen waren die Weisen wieder abgereist. Sie hatten ein letztes Mal zusammen gebetet und das Schicksal der Menschen der Weltseele anbefohlen. Dann waren sie aufgebrochen. Tenzin hatte jeden lange umarmt, denn jeder von ihnen war in diesen sieben Tagen für ihn wie ein Vater oder eine Mutter geworden. Dann hatte er sich von Natina verabschiedet. Die beiden Jugendlichen verbargen ihre tiefe Trauer und versprachen sich, einander bald zu schreiben. Doch sobald das Mädchen das Kloster verlassen hatte, weinten beide, denn sie waren sich sicher, dass sie einander nie wiedersehen würden.

Da hatte Tenzin eine Eingebung: Auch er würde das Kloster verlassen müssen. Er sah eine winzige Einsiedelei vor seinem inneren Auge, eine kleine Höhle, die etwa drei Tage Fußmarsch vom Kloster entfernt lag. Vermutlich wäre es gut, sich einige Wochen lang zur Meditation zurückzuziehen, damit die

Belehrungen, die er erhalten hatte, sich in seinem Geist verankern konnten. Er fragte Lama Dorje nach dessen Meinung. Der alte Lama zögerte zuerst, erteilte dann aber seine Erlaubnis. Und so machte Tenzin sich auf den Weg mit einem Yak, das mit Wasser, Gerste und Decken beladen war.

Am Abend des dritten Tages kam er bei der Einsiedelei an. Diese lag am Eingang einer Höhle, die sich tief in den Bauch des Berges hinein erstreckte. Er lud Proviant und Decken vom Yak ab und schaffte sie in die Höhle. Dann ließ er sich im Lotussitz am Eingang nieder und betrachtete die Landschaft, die sich vor ihm ausbreitete und in unendliche Weiten dehnte.

So blieb er sitzen bis zum Sonnenuntergang. Dann ging er in die Höhle, um sich etwas zu trinken zu holen. In diesem Augenblick geschah es.

2

DAS WÜTEN

Ein lautes Krachen, als bräche ein Berg auseinander, ließ Tenzin erstarren. Die Erde bebte und riss auf, so weit das Auge reichte. Dann ging eine Steinlawine herab, doch da hatte Tenzin sich schon eng an den Boden gedrückt, in eine Nische der Höhlenwand. Das Erdbeben dauerte nur kurze Zeit, war dafür aber umso stärker. Dann hörte die Erde auf zu beben, und der Steinregen wurde schwächer, bis er schließlich ganz aufhörte. Als er sich sicher war, dass das Beben vorüber sei, richtete er sich auf und kletterte über die Steine hinweg zum Eingang der Höhle, der fast zur Gänze verschüttet war. Erleichtert sah er, dass es eine winzige Öffnung gab. Er brauchte lange, bis er wieder im Freien war. Doch er sah nichts außer einer dichten Wolke schwarzen Staubs, die den ganzen Himmel verdeckte. Tenzin hustete, die Luft war kaum zum Atmen. Dann zog er sich wieder in die Höhle zurück.

Und so blieb er in der Höhle und wartete, bis der Staub sich legte. Glücklicherweise hatte er genug Wasser und Vorräte für mehrere Wochen. Er meditierte stundenlang in der Dunkelheit, dann ging er hinaus, um nachzusehen. Doch der Himmel blieb schwarz, Tag für Tag. In der fast vollständigen Dunkelheit verlor er den Sinn für die Zeit vollständig, er wusste Tag und Nacht nicht mehr zu unterscheiden. Was ihn aber mehr als alles andere beeindruckte, war die unglaubliche Stille, die ihn umgab. Niemals hatte er solch eine Stille erlebt. Es war, als sei er der einzige Mensch auf Erden.

Er dachte an seine Freunde im Kloster: Hatten sie die Katastrophe überlebt? Und Natina? Und die sieben Weisen? Und alle anderen Lebewesen? Unruhe stieg in seinem Herzen auf, doch er versuchte, sie mit einigen Yogaübungen zu lindern. Schließlich begann er, seine Lebensmittel und sein Wasser zu rationieren. Er wusste ja nicht, wie lange er hier würde ausharren müssen.

Der Staub verdeckte den Himmel vierzig Tage und vierzig Nächte lang. Am Morgen des einundvierzigsten Tages wurde Tenzin vom Gesang eines Vogels geweckt. Sein Herz tat einen Freudensprung: Er war nicht allein auf der Welt! Eilig stürzte er nach draußen und sah, dass die Sonne den dichten Staubvorhang an einigen Stellen durchdrang. Doch die Luft war immer noch kaum zu atmen. Ein paar Tage später aber verließ Tenzin zum ersten Mal seine Höhle. Die Landschaft, die er vor sich sah, war eine andere geworden: Seine geliebten Berge waren verschwunden, vor seinen Augen erstreckte sich kilometerweit eine steinerne Wüste. Die Erde zeigte tiefe Risse, in denen tief unten das Magma grollte.

Was war geschehen? Ein weltweites Erdbeben? Ein Komet, der vom Himmel gestürzt war?

Sein Yak war im Steinhagel umgekommen. Tenzin machte sich alleine auf zum Kloster. Es kostete viel Kraft, sich zwischen Kratern und Geröll einen Weg zu bahnen. Die Erde war eine einzige offene Wunde. Am Himmel zogen einige Vögel dahin, sonst aber war kein einziges Tier zu sehen. Je näher er dem Kloster kam, desto mehr bemächtigte sich seiner die Angst. Konnten die Mönche eine solche Katastrophe überlebt haben?

3

TROSTLOSIGKEIT

Der weiße Berg war in sich zusammengesunken, der Schnee verschwunden. Vergeblich suchte Tenzin nach dem Steilhang, an den sich das Kloster geschmiegt hatte. Bald war ihm klar, dass er keine Überlebenden finden würde. Vermutlich war das ganze Gebäude dem Erdboden gleich. Er setzte sich auf einen Felsen und fing an zu weinen. Stundenlang blieb er dort sitzen und vergoss Tränen über seine Freunde und seinen alten Meister. Er wusste weder, wohin er gehen, noch, was er tun sollte.

Plötzlich aber stand ihm ein Bild vor Augen. Eines Tages war eine Bäuerin ins Kloster gekommen, in ihren mageren Armen ihr totes Kind. Sie rechtete mit dem Schicksal um des bitteren Loses willen, das es ihrem Kind bereitet hatte. Da hatte Lama Dorje ihr eine Geschichte erzählt, die sich tief ins Gedächtnis des jungen Lama eingegraben hatte.

Eines Tages kommt eine Frau zum Buddha und bittet ihn, ihren fünfjährigen Sohn, der soeben gestorben ist, ins Leben zurückzuholen. Denn dies sei doch ganz sicher ein Irrtum. Warum er und nicht sie oder der Vater? Der Erhabene antwortet ihr:

»Du wirst deinen Sohn wiedersehen, wenn du mir ein Senfkorn bringst. Doch dieses Senfkorn muss aus einem Haus stammen, in dem noch nie ein Toter beweint wurde.« Sofort macht die Mutter sich auf in die Dörfer der Umgebung. Sie klopft an jedes Haus und fragt nach einem Senfkorn. Man bietet ihr Tausende Senfkörner an, doch wohin sie auch geht, sie findet kein Haus, an dessen Pforte der Tod noch nie geklopft hätte. Keinen Palast, keine Hütte, keine Herberge und keine Einsiedlerhöhle, in der es noch nie einen Toten gegeben hätte. Daher kehrt sie mit leeren Händen zum Erhabenen zurück. »Ich weiß«, sagt sie. »Alles, was geboren wird, muss sterben. Das ist das unveränderliche Gesetz. Aber weißt du denn, was eine Mutter ist? Weißt du, wie sie leidet, wenn sie ihr Kind im Schoß hält und es sterben sieht? Das ist ebenso grausam wie ungerecht. Mein Sohn hat nicht lange genug gelebt. Mit fünf Jahren tot! Sicher fehle ich ihm. Er hat mich so sehr gebraucht!«

»Wir werden ihn fragen, ob er zu dir zurück möchte«, sagt der Buddha. »Weib, ich schwöre vor deinem Angesicht: Wenn er zurück will, werde ich ihn dir wiedergeben.«

Der Erhabene streckt die Arme aus, gleich darauf erscheint der Geist des verstorbenen Kindes. Es scheint in einer Ecke des Hauses zu schlafen.

»Kind, deine Mutter ruft dich!«

»Von welcher Mutter sprecht ihr?«, antwortet das Kind. »Ich habe zahllose Leben gelebt! Ich war das Kind einer Wölfin und einer Eselin, Sohn einer Königin, Kind Tausender Bäuerinnen und noch mehr. Sagt, welche Mutter möchte, dass ich zu ihr zurückkehre? Und warum sollte ich das tun? Sagt ihr, dass mein Weg lang ist und dass ich nicht zögern darf.«

Und so macht die Mutter sich auf den Heimweg, der Buddha tritt wieder in die Meditation ein und das Kind setzt seinen Weg fort.

Da kehrte Ruhe in Tenzins Herz ein. Vor seinem inneren Auge erschien das Gesicht von Lama Tokden Rinpoche, dessen Inkarnation er war. Ein wenig den Berg hinab hatte ein Tschörten gestanden, ein Mahnmal, in dem die Asche von Tokden Rinpoche beigesetzt war. Tenzin, der dort immer gerne gebetet hatte, versuchte, den Weg zu finden. Sein Herz zog sich schmerzlich zusammen, als er die apokalyptische Landschaft durchquerte. Schwarzer Staub, wohin das Auge reichte.

Mühevoll bahnte er sich seinen Weg durch das verwüstete Land, und schließlich erreichte er den Tschörten. Das kleine Steinmonument war zwar eingestürzt, ansonsten aber erhalten geblieben. Zumindest konnte Tenzin es erkennen. Darüber war der junge Lama froh. Er beschloss, es wieder aufzubauen. Er hatte noch ein wenig Wasser und Gerstenmehl übrig. Das würde, wenn er es klug einteilte, noch etwa zehn Tage reichen. Er musste die Hochebene verlassen und versuchen, in den Tälern etwas Essbares aufzutreiben. Doch es war ihm wichtig, den Tschörten wieder aufzubauen, war dieser doch das letzte Zeichen, das vom Kloster Tulanka übrig geblieben war. Außerdem ruhten darin die sterblichen Überreste seines großen spirituellen Meisters.

Zwei Tage lang reinigte er jeden Stein und setzte das kleine Mahnmal Stück um Stück wieder zusammen. Am dritten Tag dann machte er eine Entdeckung. Er hatte den Grundstein des Tschörten aufgehoben. Dieser war so leicht, dass Tenzin ihn umdrehte. Der Stein war innen ausgehöhlt. Er tastete mit den Fingern in der Öffnung herum und fand einen Brief.

Er erkannte die Schrift von Tokden Rinpoche sofort. Außerdem trug der Umschlag sein Siegel. Vielleicht hatte der Lama angeordnet, dass der Brief nach seinem Tod hier versteckt wurde. Diese Entdeckung rührte Tenzin zu Tränen. Das Erstaunlichste aber war, dass dieser Brief an ihn adressiert war.

4

DER BRIEF

Lieber Tenzin,

wenn du eines Tages diese Worte liest, ist die große Katastrophe, die mich Nacht für Nacht im Traum verfolgt hat, vermutlich eingetreten. Danach hat dein Karma deine Schritte hierhergelenkt, so wie ein Vogel sein Nest auch nach einer Reise von mehreren Tausend Kilometern wiederfindet. Seit einigen Jahren wird mein Körper immer schwächer, mein Geist aber immer schärfer. Ich habe in tiefer Meditation die Ereignisse vorhergesehen, die nach meinem Hinscheiden auf der Erde eintreten werden.

Durch seine grenzenlose Gier hat der Mensch die Welt ausgeplündert und sie ihrer Harmonie beraubt. Er hat die Erde zugrunde gerichtet und dadurch über sich selbst das Urteil gesprochen. Denn die Welt und das Leben werden ihn überdauern, er aber schaufelt sich sein eigenes Grab. Die Natur wird sich bald gegen die menschliche Gewaltherrschaft erheben. Ich sah eine gewaltige Katastrophe heraufziehen, die die Erde treffen und einen Großteil der Menschheit vernichten wird. Aber ich habe auch gesehen, dass da und dort Menschen überlebt haben. Dieser kleine Rest der Menschheit wird lernen müssen zu leben, ohne die Fehler der Vergangenheit zu wiederholen. Leider neigt der Mensch dazu, seine Irrtümer neu aufzulegen, selbst wenn sie schon einmal eine Katastrophe herbeigeführt haben.

Mir ist klargeworden, dass ich erneut zur Welt kommen muss, um die Überlebenden in einer anderen Lebensweise zu unterrichten. Um sie die Grundlagen der Weisheit zu lehren. Ich weiß noch nicht, wie das geschehen wird und welche Form diese Belehrungen haben werden. Doch ich weiß, dass mein Geist eben zu diesem Zweck noch einmal auf die Erde zurückkehren wird. Außerdem bin ich sicher, dass auch andere Meister diesen Ruf vernehmen.

Ich weiß, dass ich in meiner nächsten Wiedergeburt den Namen »Tenzin« tragen werde. Daher habe ich diesen Brief an dich gerichtet, Tenzin. Ich weiß nicht, welches Alter du haben wirst und wie dein Geist beschaffen sein wird, wenn du ihn lesen wirst. Doch zögere nicht: Steig hinab in die Täler, um die versprengten Menschen, die eine neue Heimstatt suchen, zu trösten und zu unterrichten. Dein Herz wird getröstet werden, wenn du ihnen Trost schenkst.

Halte niemals inne auf deinem Weg. Zieh durch die Welt, solange du lebst. Lehre sie all das, was du gelernt hast, und zeige ihnen, wie es sich umsetzen lässt. Die Menschen werden deinen Worten glauben, wenn sie sehen, wie du lebst, und wenn sie das Licht deiner Augen wahrnehmen. Die Religionen der Vergangenheit sind in gewisser Weise gescheitert in ihrem Bestreben, das Herz des Menschen umzuwandeln, denn sie haben sich mehr darum bemüht, der Welt ihren Stempel aufzudrücken als der

Menschheit zu dienen. Zu oft sind sie zu Schaltzentralen der Macht für bestimmte Gruppen von Menschen verkommen, statt der ganzen Menschheit als Leuchtfeuer zu dienen. Die Weisheit aber, die du weitergibst, wird nicht einzelnen Gruppen dienen, einzelnen Stämmen oder Völkern – und dabei andere ausschließen. Sie ist für jedes lebende Wesen gedacht, das sich in universeller Verantwortung und Liebe vervollkommnen möchte.

Brich auf, Tenzin. Steig in die Täler hinab, um die Menschen zu trösten und zu unterrichten. Du bist nicht allein. Die Kraft des Weges und die Liebe aller Erwachten begleiten dich.

Möge dein Herz in dieser Freude verweilen.

Lama Tokden Rinpoche

5

DIE HOFFNUNG

Tenzin trocknete seine Tränen. Er faltete den Brief zusammen und verbarg ihn in seinem Mönchsgewand. Dann vollendete er den Wiederaufbau des Tschörten, an dessen Fuß er sich gleich darauf erschöpft niederlegte, um ein wenig zu schlafen.

Der erste Strahl der Morgensonne strich zärtlich über sein Gesicht. Tenzin erwachte. Er fühlte sich vollkommen wiederhergestellt. Eine neue Kraft strömte durch seine Glieder. Und so brach er auf und stieg ins Tal hinab. Bei jedem Schritt wiederholte er die Belehrungen, die er erhalten hatte. Er sah Lama Dorjes kluges Gesicht vor sich und fühlte die Augen der anderen Weisen auf sich ruhen. Und er dachte an die Gesichter der jungen Mönche, mit denen er im Kloster zusammengelebt hatte und die nun alle tot waren. Immer wenn sich der Schleier der Traurigkeit über sein Herz legen wollte, wiederholte er wie ein Mantra den Namen Natinas. Dieser wärmte sein Herz und erfüllte ihn mit bebender Hoffnung, sodass er von Neuem kräftig ausschritt: Er wollte seine Freundin finden. Und wenn er um ihretwillen die ganze Welt durchqueren müsste.

DANKSAGUNG

Ein herzliches Dankeschön an Dorothée Cuneo, Laurent Deshayes, Véronica Moraes, Patricia Penot und Estelle Boin, die das Manuskript aufmerksam gelesen und mir mit ihren klugen Anmerkungen geholfen haben.

Mein Dank gilt auch Aurélie Godefroy für ihre wertvolle Hilfe, vor allem bei der Suche nach den Weisheitsgeschichten der Welt. Von den Hunderten, die sie aufgetrieben hat, habe ich etwa zwanzig verwendet. Bis auf zwei jüngere Geschichten entstammen diese den uralten Weisheitstraditionen der Welt, in denen sie meist mündlich seit Jahrhunderten überliefert werden. Daher gibt es von jeder Geschichte unzählige Versionen, die die religiöse Färbung der Tradition tragen, aus der sie kommen: Buddhismus, Christentum, Hinduismus, Sufismus und so weiter. Um den Geist dieses Buches und den universellen Charakter dieser Geschichten zu unterstreichen, habe ich diese Färbungen herausgenommen und die Geschichten in anderen Worten wiedererzählt. Die Geschichten auf Seite 68 f., 78 und 117 f. stammen aus Jean-Claude Carrières Buch *Le cercle des menteurs* (dt.

Die Welt ist, was sie ist), die auf Seite 146f. inspirierte sich an Henri Gougaud, während die Geschichten auf den Seiten 123 und 129 aus der Sammlung von Martine Quentric-Séguy stammen: *Contes des sages de l'Inde* (Märchenbuch aus Indien).

Von ganzem Herzen danke ich außerdem Dominique, Jean, Maurice und Marie-Beth für den warmen Empfang, den sie mir in dieser wundervollen Abtei Boscodon bereiteten, in deren Mauern dieses Buch entstanden ist.

Gordes, Boscodon, Porticcio

Im Winter 2011/2012